# 日本人と日本社会

### 社会規範からのアプローチ

塚原康博 ［著］

文眞堂

# まえがき

　本書は，日本人と日本社会について考察したものである。日本では，他の国と同様に，家族，企業，政府，さらには社会インフラストラクチャーや法律などの多くの制度が存在し，多くの取引は市場を通じてなされている。グローバル化や情報化の進展もあって，人々の生活様式も標準化の方向に進んでいるように思える。しかし，筆者は，社会を構成する人々が価値基準として何を重視しているか，そして，どのような社会規範に基づいて行動しているかについては，国によって異なっている可能性が高いと考えている。価値基準や社会規範は，国によって異なっており，その国の多くの人々が自国の価値基準や社会規範に従って行動しているとすれば，各国の制度はその国の社会規範と整合的であり，相互に補完的な関係になっている可能性が高いだろう。補完的になっているからこそ，社会規範や制度が安定的に存在しているといえるだろう。経済システムにおける制度間の補完性は，青木・奥野（1996）によって指摘されたが，本書では，とりわけ価値基準および社会規範と各制度との整合性を強調したい。

　本書では，日本人に特有の価値基準や社会規範が存在し，日本社会の構造においては，その価値基準や社会規範と整合的になるように制度が形成され，各制度同士も相互に補完的な関係になっているという考え方に基づいている。このような考え方の下で，日本に特徴的な価値基準や社会規範とは何か，そして，そのような価値基準や社会規範と整合的な社会の諸制度（家族，企業，政府など）の特徴とは何かを明らかにしていくことにしたい。

　中根（1967）は，社会における人間同士の関係，すなわち，人間関係は，そう簡単に変わるものではないと論じた。筆者は社会規範，とりわけ人間関係に関わる社会規範がさまざまな制度と整合的であるとすれば，徐々に時間をかけて変わることはあっても，すぐに変化することは困難であると考えている。したがって，国ごとの社会規範が必ずしも同じでないとすれば，制度の名称は同

じであっても，国ごとに制度の内容が異なっている可能性がある。本書では，国によって社会規範が異なる場合があり，その社会規範と整合するように制度の内容も異なり，その国の多くの人々もしくは一定数の人々がこの社会規範に従って行動しているとすれば，その国に特有な社会規範とそれに基づく行動を国民性と呼ぶことにしたい。国民性については，その違いをもたらす原因は何か，国民性が安定的でなく，変化しつつあるものなのかといった問題設定も可能であるが，現時点で国民性に違いがあれば，それを所与として，社会の構造や政策の効果を分析し，考察することは価値があることであると筆者は考えている。国民性の違いを無視して，社会の構造や政策の効果を分析し，考察すると，社会について誤って理解したり，間違った政策提言を行う可能性が生じるだろう。

　とりわけ社会を分析し，考察の対象とする経済学，法学，社会学などの社会科学において，国民性の違いを考慮するという視点は重要であると筆者は考えている。ただし，本書でいう国民性は，ある国の多くの人々や一定数の人々にみられる特徴的な傾向のことを指しており，同じ国でもこの傾向に沿わない人ももちろん存在することに留意されたい。筆者は，国民性は時間を通じて変化する可能性があると考えており，変化した場合は，その変化した後を所与として，また，分析し，考察をすればよいと考えている。ただし，先にも言及したように，国民性の違いを構成する規範や諸制度は整合的な関係にある可能性が高く，短期間で大きく変化するものではないというのが筆者の見方である。

　もちろん，今後の世界を考えると，グローバル化や情報化の影響もあり，各国の規範や制度が同じ方向に収れんするとすれば，例えば，個人重視の価値観に基づいて民主主義を採用し，市場経済を基本としつつも，政府が社会保障に対して一定の責任をもつという方向などに収れんするとすれば，国民性の違いが薄まり，それに注目する必要性は薄まるかもしれない。ただし，筆者としては，その場合でも残余の部分として，国民性の違いが残る限り，それを研究する意義はあると考えている。

　本書は大きく分けて3つの部分から構成される。すなわち，理論編，実証編，本編である。理論編では，日本人と日本社会について考察した文献および日本人と日本社会について考察する際に参考になる文献を取り上げ，それら

の文献を筆者なりに消化・整理し，そのエッセンスを概観する。実証編では，
「世界価値観調査」の結果に照らして，日本人と日本社会について指摘されて
いる事柄を検証し，考察を加える。そして，本編では，理論編と実証編で得ら
れた知見を踏まえて，家族，企業，政府，経済などの観点から，日本人と日本
社会についての考察をさらに深めていき，最後に，日本人と日本社会について
の要点を示すことにしたい。本書が日本人と日本社会についての理解に少しで
も役立つものとなっていれば幸いである。

　2022 年 7 月

塚原 康博

# 目　次

# Ⅲ．本　編

# I. 理論編

　第I部の理論編では，日本人と日本社会について考察した文献および日本人と日本社会について考察する際に参考になる文献を概観する。ここで取り上げる文献は，関連するすべての文献を網羅したものではないが，日本人と日本社会の特徴を指摘したと考えられる主要な文献を取り上げることで，日本人にみられる特徴的な考え方や行動，日本社会にみられる特徴的な現象などを明らかにしていきたい。

# 1．河合隼雄の「中空構造」

　河合（1999）は，神話，とりわけ『古事記』を手がかりにして，日本人の深層構造を明らかにしようとした。河合（1999）によれば，日本の神話では，さまざまな三神が出てくるが，その中心に無為（存在しても為さず）の神をもつという一貫した構造があるという。河合（1999）は，以下のように主張する。日本の神話では，何かを中心に置くようにみえながらも，次にそれに対比したものでバランスを回復し，中心の空性を守る。日本神話の論理は統合でなく，均衡である。中心が空であり，善悪の判断を相対化する。すなわち，対立するものは適当なバランスを得て共存する。河合（1999）は，このようなモデルを「中空均衡型モデル」と呼んだ。そして，河合（1999）は，日本人の態度として，個人の個性や自己主張よりも，全体としての場の調和や平衡状態の維持を重視することを指摘した。

　河合（1999）は，日本におけるリーダーについても言及している。河合（1999）によれば，日本人の心のあり方は中心をもたず，全体のバランスをとることにあるため，日本のリーダーとしては，自らが中心になって全体を統率するような西洋型のリーダーよりも，世話役として全体のバランスをとるというようなリーダーが日本社会に適合している。

　河合（1999）は，日本人と西洋人との意識構造の違いも指摘している。すなわち，日本人の意識と無意識の境界は不明確であり，中心に確立した自我も存在しない。他方で，西洋人の意識構造では，意識と無意識は明確に区別され，中心に確立した自我が存在する。

　河合（1999）によれば，日本の「中空均衡型モデル」は，外来文化を取り入れ，それを中心に置いたかのように思わせながら，次第に日本化し，中心から離れ，他のものとバランスをとるという利点があるものの，中心へ理不尽な侵入を許しやすいという欠点をもっており，さらに，日本人の意識構造は，境界を不鮮明にして，全体性を求めて，自然との一体感を重視する態度につながるものの，自我の確立が不十分なために個人の責任があいまいになり，無責任体制となるおそれもある。

　河合（1999）は，言語との関係も指摘している。すなわち，日本の「中空構造」においては，対立物の微妙なバランスの上に成立しているので，すべてのことを言語的に明確にすることを嫌う。河合（1999）によれば，日本語の特性として，すべてをどこかであいまいにして，非言語的了解で全体がまとまるが，他方で，西洋では，父性が中核にあり，言語によって事象を明確に把握する。

　また，河合（1999）は，日本社会は母性原理に基づく「母性優位社会」であると規定しており，この社会では，場の調和や平衡状態の維持が重視される。戦前の父の強さは，社会制度（家父長制度）に守られたためで，第二次世界大戦後は，それが崩れ，バランスを欠き，子供の家庭内暴力などを招いたと主張する。河合（1999）によれば，母性原理は，すべてのものを平等に包含し，個性を犠牲にして，全体の平衡状態を維持しようとし，日本では，人様に笑われないような教育が行われる。

　河合（1999）によれば，西洋のキリスト教の神話では，唯一絶対の男性神を中心とする構造であり，中心の絶対神がすべてを支配しており，ユダヤ教では，絶対的な善（神）と悪（サタン）が対比されており，西洋においては，対象を明確に分離し，秩序づけようとする。絶対的な中心をもち，対象を分離し，秩序立てて把握しようとするモデルを河合（1999）は「中心による統合モデル」と呼び，このようなモデルは，それが自然科学の知を発展させ，近代化をもたらすと論じた。

　河合（1999）によれば，欧米社会は父性原理に基づく「父性優位社会」であり，そのような社会の特徴を次のように説明する。そこでは，個人の個性や自己主張が重視され，父性原理は，善悪や能力の有無などの区別に厳しい規範をもち，それに基づき，個人を区別して鍛えていく。家庭内教育で近代的な自我をもつ子が育ち，自立して核家族を形成する。対人関係の不愉快さはあっても，はっきりものをいう。

　河合（2013）は，日本人の心理と生き方には，日本の神話が反映されているが，西洋人のそれには，キリスト教が反映されていると主張した。河合（1999）によれば，キリスト教においては，絶対的で常に正しい唯一神が中心にいて，宇宙を支配しており，あいまいさがなく，善悪の区別が明快であるの

に対して，日本の神話は，中空均衡型モデルに基づいており，そこでは，中心は力をもたないが，矛盾する要素でも互いに均衡をとることで，共存できるのであり，最も大切なことは，権力をとることではなく，均衡をとることである。

## 2．丸山真男の「無限包容性」と「精神的雑居性」

　丸山（1961）は，日本の思想を研究し，日本では各時代を通しての思想軸がないと論じた。すなわち，日本人は外来思想を摂取することで，それを生活様式や意識の中に取り込んでおり，仏教的なもの，儒教的なもの，西欧的なもの，シャーマニズム的なもの（原始宗教で巫女を仲立ちとする）などが雑然と同居し，相互関係が判然としないのである。丸山（1961）によれば，日本人には「精神的雑居性」と呼ぶべき思想的「寛容」の伝統があり，日本人はあらゆる哲学，宗教，学問を「無限抱擁」し，精神的経歴の中に「平和共存」させている。

　丸山（1961）は，日本古来の神道が日本の思想的伝統に与えた重要性を指摘している。すなわち，神道はのっぺらぼうのような伸びた布筒のように，その時代ごとに有力な宗教と習合して，その教義内容を埋めてきたが，そこには絶対者は存在せず，世界を論理的，規範的に整序する道も示されない。丸山（1961）によれば，このような神道の無限抱擁性と思想的雑居性が，日本の思想的伝統となっている。

　丸山（1961）は，近代化に関して，ヨーロッパと日本を以下のように対比させて説明している。近代化の過程において，近世ヨーロッパでは，唯一絶対神による世界秩序の計画的創造という思考様式が世俗化され，絶対君主による形式的法体系や合理的官僚制，統一的な貨幣制度の創出への道が切り開かれていったが，日本では，中央主導の近代化（官僚制）と共同体的心情（郷党社会），すなわち近代社会の機能的合理化（合理的思考の建て前）と家父長的な閥・情実的な人間関係の2つが併存していた。

　丸山（1961）は，日本の近代文学にも言及しており，日本の近代文学は感覚的ニュアンスを表現する言葉が多いが，倫理的，普遍的な概念を表現する言葉

は乏しく，事実の絶対化，直接的感覚への密着，合理的思考への反発がみられると主張した。

## ３．大野晋・森本哲郎・鈴木孝夫の「日本論」

　大野・森本・鈴木（2001）において，大野は，日本には確固とした軸がないので，結婚式はキリスト教，葬式は仏式，奈良時代に法律は唐の律令，明治時代に民法はフランス，刑法はドイツなどのように今日に至るまで，外国のさまざまなものを取り入れてきたと論じた。鈴木は，キリスト教やイスラム教は戒律を守るが，日本の仏教は戒律が緩い（食肉，飲酒）など，固執しない寛容さがあり，そのような日本の寛容性を世界に発信すべきと論じた。

　大野は，日本は中国文明を輸入して，漢字を日本語に取り入れるなど，いつも文明の輸入から新しいことを始めるのであり，受け入れる感性や情感が日本文化の特性であるが，他方で，ヨーロッパ人は，自然と戦って，そこから奪い取り，自然をよくみて，分析すると論じた。

　大野は，日本は外敵が侵入しにくいので，安全で安定した場所にあり，四季があって，すごしやすく，日本人は自然と仲よく付き合い，自然にうまく適応することを心がけているので，一瞬のうちに感じ，反応することをよしとするが，他方で，日本人は見分け，区分し，全体として体系化して認識する力が弱いので，これらを身につける必要があると主張した。

　森本は，言葉の順序において，英語やフランス語は否定か肯定かが先に来るが，日本語は状況が先に来ると指摘した。森本によれば，これは事実の認識の違いに由来しており，日本人は事実をありのままに受け止め，解釈は各人にゆだねるのに対して，ヨーロッパ人はあいまいさをできる限り排除しようとし，事実のもつ意味を追求しようとするからである。また，日本語ではしばしば主語が省略されるが，森山は，それを日本人の非論理性を示すものであるとみなしており，その理由として，日本人は長い時代，小さな島国に住んでいて，住民同士の気心は知れるので，事実を述べることを重視し，理屈や説明を求めないからだと論じている。

　鈴木は，日本人は相手にかなわないと思うと，メンツにこだわらず，相手を

受け入れ，そして，目の前のファクト（事実）に重きを置くので，技術などの
自然科学のような分野で世界一になれると主張した。他方で，鈴木は，日本人
は感性で生きることを重視してきた民族であり，目にみえないものを重視しな
いので，歴史感覚，未来感覚，論理感覚が劣るため，人間の生き方のような普
遍性のある主義主張を出せないと論じている。

## 4．前野隆司の「日本論」

　前野（2015）は，丸山真男の「無限包容性」と「無自覚的雑居性」，河合隼
雄の「中空構造」などの概念や『武士道』，『茶の本』，『菊と刀』などの著作を
手掛かりにして，日本論をまとめている。
　前野（2015）は，日本とアメリカを次のように対比させている。日本のコア
は「無」であり，中心がなく，無常，無我，無心である。それゆえ，丸山や河
合も指摘しているように，どんな新しいことも矛盾なく受け入れ，やがて日本
化する。他方で，アメリカの中心（コアの理念）には，愛と自由があり，宗教
はキリスト教である。アメリカ人は，隣人を愛し，自由のために戦う。
　前野（2015）によれば，近代的な合理主義，すなわち，分析的な考え方や論
理的な考えは，問題の境界を決めて，その枠内で，対立図式をみつけて，正
誤，真偽，裏表，内外などを決めていくので，科学技術や産業の発展に役立つ
ものであり，さらに，キリスト教，イスラム教は一神教であり，1つの神を信
じるか否かの択一であるので，これは分析的世界観に通じるものがある。前
野（2015）によれば，古代西洋人は，多神教的なギリシャ神話の世界観をもっ
ていたが，紀元ゼロ年前後にキリスト教が成立してからは，一神教的な価値観
に一掃された。他方で，前野（2015）によれば，神道では，八百万の神が存在
し，あらゆるものに神が宿るとされ，日本人の無限抱擁と無自覚的雑居の特性
が，神道（神）と仏教（仏）を融合させたと論じている。
　そして，前野（2015）は，西洋流の世界観と日本の世界観を対比させて，後
者の有効性を主張している。すなわち，近代西洋流の合理主義（論理至上主
義）は，真偽や正誤を明確に判断し，論理的に採否を判断するので，経済発
展のためによいが，その一方で，真偽も正誤もなく，すべてを受け入れる無限

抱擁性・無自覚的雑居性を併せもっているところが，日本人の優れた特徴であり，日本の中空構造は，真ん中が無なので，対立のない真の調和に向かうことができる。前野（2015）は，日本の世界観は，合理主義的な世界観のアンチテーゼとして，今後の世界にとって最も必要な世界観となりうると論じている。

## ５．新渡戸稲造の「武士道」

　新渡戸（Nitobe 1899）によると，武士道とは，武士がその職業において守るべき道徳的な掟のことである。さらに，Nitobe（1899）は，武士道の起源は封建制度の始まる12世紀末の源頼朝の時代であるが，その萌芽はもっと以前にあり，封建制度の子たる武士道は，封建制度の死後も生き残り，その後も道徳の道を照らしていると主張している。

　Nitobe（1899）によれば，武士道は仏教，神道，孔子の教えを基礎としており，仏教からは運命に身を任すという平静なる感覚が吹き込まれ，神道からは主君への忠誠，祖先に対する尊敬，親への孝行，さらには，人の心は本来的に善であり，神のごとく清浄であるという教えが吹き込まれた。また，Nitobe（1899）は，君臣，父子，夫婦，長幼，朋友間における五倫の道，すなわち，儒教において守るべきとされる５つの徳は元々日本にあり，孔子の教えはこれを確認したものであると論じた。

　以下では，Nitobe（1899）に従って，武士道における７つの掟について説明しておこう。第１に，「義（正義）」とは，卑劣な行為や曲がった行為を避け，人として正しい道を歩むべきということである。第２に，「勇（勇気）」とは，恐れない精神であり，それは義のために行われなければ，意味がなく，武士はこの胆力を錬磨した。真に勇敢な人は，常に冷静沈着である。第３に，「仁（慈悲，慈愛）」は，王者の徳であり，封建君主は仁の徳を備えることで，封建制度下の武断政治を回避することができる。封建君主は，自己の祖先と天に対して責任を有し，封建君主は民の父であり，民は天より保護を委ねられた子である。日本では，君主の権力行使が，ヨーロッパほど重圧に感じられず，人民の感情に対する父性的な配慮により緩和されている。第４に，「礼（礼儀）」と

は，相手に敬意を示す作法のことである。正しい作法では，人の身体機能に完全な秩序が生じ，礼儀作法の修得で，心が鍛錬される。第5に，「誠（誠実）」とは，私利私欲によらず，真心をもって人に対することである。第6に，「名誉」とは，よい評価を受けることである。恥辱は不名誉なことであり，名誉は各人がそれぞれの分（役割）を果たすことで生じるとされた。名誉は命より優先されたが，名誉に基づく行き過ぎは，我慢や忍耐によって抑制された。第7に，「忠義」とは，目上の者（主君）に対する服従と忠誠のことであり，封建道徳の特徴である。儒教の影響により，中国では親への服従が第1の義務になるが，日本では，孝（親への尊敬）より忠（主君への忠誠）が優先する。

　現代の日本は，封建社会のような階級社会ではないので，武士道の掟が現代において厳密に当てはまるわけではない。しかし，Nitobe（1899）が主張するように，武士道の掟は現代においても日本人の社会規範の中に生き続けていると考えられる。なぜならば，日本では，武士道の教えが示す望ましくない行為，すなわち，卑怯，臆病，礼儀知らず，不誠実などの行為は，現代においても社会からの批判の対象となっているからである。

　なお，武士道は精神を鍛錬するために，私利私欲を追求せず，質素や倹約をよしとし，損得勘定や金儲けを嫌悪したが，その一方で，経済発展との関係において，武士道の掟はプラスに働いた可能性がある。武士道の掟は，礼儀正しく，卑怯なことをせずに，誠実に行動することを要求するので，これは人々の間の相互の信頼を高めることにつながる。信頼は人的ネットワークの構築に寄与し，社会関係資本の形成を促進するため，経済発展にプラスの影響を与えたものと考えられる。日本では，取引において，厳密な契約を交わさなくても，質の悪い粗悪品をつかまされたり，ビジネスにおいて相手にだまされたり，相手が期限を守らないということはあまり生じない。したがって，多くの日本人が社会規範として共有している武士道の精神，すなわち，正義，誠実，名誉に価値を置く考え方が，取引の促進に対して，ひいては日本の経済発展に対して，寄与したと考えられる。

　また，封建君主に求められる人民に対する父性的な配慮は，現代における日本の経営者の労働者に対する配慮，すなわち，労働者の雇用と生活を守るという保護者的な配慮に受け継がれていると考えられる。さらに，封建君主は天に

対して責任をもつとされるが，この考え方は現代における日本の経営者に多く見られる経営理念，すなわち，利益の追求のみでなく，顧客を重視し，社会にとって価値のあるものを提供することによって，社会に貢献していくという考え方に通じるものがある。さらに，武士道の掟が示す，君主への忠誠を重視し，忠は考より優先するという考え方は，君主を所属している企業もしくは経営者に置き換えると，労働者が家庭より企業を優先して，企業のために献身的に働くという日本の労働者の行動に通じるものがある。

　このような日本の企業に特徴的にみられる経営者と労働者の考え方や行動は，日本的経営と呼ばれ，日本が第二次世界大戦後に急速に経済成長を成し遂げた重要な要因の1つと考えられる。日本的経営がもっとよく当てはまったのは高度成長期であり，現在では，個人の自由や権利を重視する欧米型の考え方が広まり，日本的経営も変化しつつある。それでも，家庭と所属する企業を主な生活圏とし，雇用は長期雇用が一般的なパターンであること[1]，さらに，勤勉，誠実，礼儀正しさを旨とする日本人の国民性に大きな変化がないことを考慮すると，武士道の掟は依然として日本人の社会規範の中に根づいていると考えられる。

## 6．ルース・ベネディクトの「階層社会」

　ベネディクト（Benedict 1946）は，文化人類学者であり，日本研究，すなわち，日本人はどんな国民かについての研究を委嘱された。当時のアメリカは日本との交戦中であり，現地調査ができないので，アメリカに在住している日本育ちの日本人に聴き取りをしたり，日本に関する多くの文献や資料を参考にして研究を進めた。

　Benedict（1946）は，日本人や日本社会を理解するうえでいくつかの重要な点を指摘したが，その1つが，欧米が個人を中心とした社会であるのに対して，日本社会の特徴は「階層性（hierarchy）」にあり，日本社会は「階層社会」である点を指摘したことである。Benedict（1946）は，欧米人にとって階層は個人の自由を抑圧する悪いものであるが，日本人にとって階層は安定と安心を与えてくれる必要不可欠なものであると論じた。日本人は，自分が階層の

中のどこかの地位を占め，その地位にふさわしい行動をとることで，周りの人
や社会から承認され，周りの人から危害を加えられることなく，周りの人から
尊重され，安定，安心，安全を得ることができる。階層社会という用語につい
ては，用語は同じでも，日本と欧米で，それが意味することが異なり，階層社
会の中身，すなわち，質も違うことに注意が必要である。

　階層という社会秩序の中で，上位を占めるのが政府である。Benedict
(1946) は，アメリカ人の国家観において，政府は個人の自由を制限するやむ
をえない害悪であり，政府の官職の社会的地位は低いと論じたが，日本では，
敬意を込めて政府を「御上（おかみ）」と呼び，政府の官職の社会的地位も高
い。日本で，新型コロナが流行し，2021年に政府が強制力をともなわない緊
急事態宣言を行った際に，国民の多くは自粛した。日本では，多少不本意で
あっても，政府の言うことには従おうとし，政府は国民を守ってくれて当然と
いう依存的な傾向もあると考えられる[2]。

　Benedict (1946) は，アメリカは個人ベースの社会であり，アメリカ人は自
由と平等を愛するが，日本人は階層制度や階層秩序を信仰し，信頼すると論
じた。Benedict (1946) は，日本人は予見されていないことを最大の脅威に感
じ，あらかじめ計画され，進路の決まった生活様式の中でしか安心を得られな
いと論じたが，個人間の競争や軋轢が排除され，安定した人間関係が築けるの
が階層制度であり，この制度は予見できないこと，すなわち，リスクを極力排
除できる制度といえるだろう。

　Benedict (1946) は，第二次世界大戦以前の日本社会の特徴として階層制度
を指摘し，日本人は家庭内で学んだ階層制度を社会の広い範囲に適用すると論
じた。そして，Benedict (1946) は，当時の日本の階層制度においては，日本
人は相手との社会的間隔を踏まえて行動し，人間の間の社会的間隔は，性別，
年齢，家族関係，交際関係などが考慮されて決まるのであり，具体的には，妻
は夫に，子は父に，弟は兄に，女性は男性に頭を下げ，家庭生活の根幹は，性
別と世代，長子相続権に基づくことを指摘した。また，Benedict (1946) は，
日本における階層制度の特徴として，階層における下位者は上位者の権利を承
認し，上位者はその地位に付随する責任を承認するものの，上位者（世代では
親，特に父，性別では男，年齢では年長者）は，独裁者として専制的な行動は

許されず，家族や企業などの組織の名誉を維持するという重大な責務を委託された人間として行動することが要求されると指摘した。

　戦前と違い，現在では，Benedict（1946）が指摘したような階層構造がそのまま当てはまるわけではない。とりわけ，家族における変化が大きいと考えられる。すなわち，戦後の教育，新しい法律の整備，欧米型の個人重視の価値観の浸透などにより，家の存続の規範が弱まり，父親の権威が低下し，世帯規模も縮小している[3]。

　Benedict（1946）が指摘したような階層構造が家族においてそのまま当てはまるわけではないものの，家族以外の組織，例えば，企業などでは，日本的な階層構造は根強く残っていると考えられる。日本の企業では，非正規雇用者が増えているものの，主流は依然として正規雇用者の長期雇用であり，とりわけ先輩や年長者を重んじる規範，すなわち，年功序列に基づく階層構造が労働者に安心と安定を与えている。そこでは，日本的な階層構造の枠組の中で，労働者が企業に貢献し，奉仕するという「give」に対して，労働者は企業から生活の安定を保障され，安心感を得るという「take」，すなわち，「give and take」の関係が成立していると考えられる。以上の考察から，Benedict（1946）が指摘したような階層制度の規範は，現在でも，家族以外の組織では，人間関係のあり方を規定する要因として有効であるといえるだろう。

　他方で，Benedict（1946）は，過去にさかのぼり，日本社会は歴史を通じて階層制度が維持されてきたと論じた。Benedict（1946）によれば，かつて中国から文字，仏教，律令制度などを輸入していた当時も，日本は世襲的階級身分社会として特徴づけられる階層社会であり，官職は世襲貴族や封建領主に与えられていたが，その後，家臣間の争いを経て，藤原氏が支配権を握り，さらに，内乱を経て，武士を上位に置く封建制度を特徴とする階層社会に再編された。

　したがって，階級的身分制度，封建制度，企業の年功序列制度など，時代によってその内容は異なるものの，日本人は社会において階層的な秩序に基づく人間関係を構築しようとする傾向があるといえるだろう。日本人は階層的な秩序があることで，人間関係が安定し，安心，安定，安全が得られると考えられる。日本人にとって，階層的な秩序は大きな便益をもたらすので，その内容を

変えながらも，底流に存在し続けていると考えられる。

## 7．中根千枝の「タテ社会」

　中根（1967）は，日本において，明治以降に，特に第二次世界大戦後に生活
様式が西欧化したが，人間関係のあり方は，最も変わりにくい部分であり，ほ
とんど変化していないと主張した。中根（1967）は，日本社会の特徴を指摘し
たが，重要な指摘は，以下の2つであろう。

　第1に，日本人は自分を社会の中で位置づけるときに，「資格」よりも「場」
や「枠」を重視するという点である。場や枠で代表的なものは，自分が所属し
ている家（イエ）や企業である。それらは生活共同体であり，そこではエモー
ショナルな要素が入り，結束のための絶えざる人間接触によって仲間意識が
醸成され，一体感や安定感がつくり出されている。場や枠の強さは，「ウチの
者」と「ヨソ者」の差別意識ももたらし，ヨソ者に対しては，冷たい態度や疎外
の態度をとる。所属する集団は1つであり，ウチがすべての世界になる。所属
している集団における人間関係の機能の強弱は，接触の長さや激しさに比例す
る傾向にある。接触の長さ（集団に入ってからの年数など）が社会関係資本と
なり，集団における個人の位置，発言権，権力行使を決定づける。

　第2に，日本は「タテ社会」であり，日本のあらゆる社会集団には，共通し
てタテの人間関係が存在しているという点である。具体的には，親子関係，上
司・部下の関係，親分・子分の関係などであり，労働者という同じ資格でも，
入社順によって先輩・後輩などの序列がつく。ヨコの人間関係とは，共通の資
格により構成されるものであり，カースト制や階級などである。タテ社会で
は，競争関係にあるのは，経営者と労働者のような上下関係に立つものではな
く，ライバル会社のような隣接し並存し，ヨコに存在するものである。日本で
は，ヨコの連携（分業）は難しく，大企業と下請け企業の関係のように，タテ
の連携，すなわち，系列化が生じやすい。

　タテの集団は，直接的な人間関係が構成員を結びつけているので，直接つな
がる者との関係が他の関係より強く，党中党ができやすい。タテの集団では集
団の意思決定において，上の者の意見が取り入れられるものの，上の者が下の

者へ配慮するなどのエモーショナルな要素が入るため，上の者は下の者の意向に反するような決定は下しにくい。また，集団内の部署間のヨコの連携や調整が難しく，セクショナリズムに陥りやすい。

中根（1967）が指摘しているように，日本人が，場や枠を重視するということは，そこで発生している直接的で感情的な人間関係を重視していることを意味している。日本では，人間関係は直接的な人と人との関係で設定されるので，理性的あるいは抽象的な契約関係を設定することが困難である。また，中根（1967）は，日本人は意見表明において，対人関係，相手に与える感情的な影響を考慮して発言するので，論理が無視され，感情や人間関係の維持が優先されるおそれがあると主張している。

中根（1967）は，日本人が前述したような特徴をもつに至った理由として，日本社会の「単一性」をあげている。中根（1967）によれば，日本列島は，圧倒的多数の同一民族で占められ，基本的な文化を共有しており，基本的文化の共通性は，江戸時代以降の中央集権的な政治権力に基づく行政網の発展，近代における学校教育の普及，戦時の挙国一致体制，戦後の民主主義と経済発展による中間層の増大によって推進されてきた。日本人の単一性によって，日本における人間関係に関わる社会規範の共有が可能になっているというのが，中根（1967）の主張である。

## 8．マックス・ヴェーバーの「近代資本主義の精神」

ヴェーバー（Weber 1920）は，19世紀末，すなわち，近代資本主義の初期において，資本所有と経営的地位をプロテスタントがより多くを占めているという事実に注目して，その理由を考察した。Weber（1920）によると，ベンジャミン・フランクリンの資本主義の精神の考え方は，ひたむきな努力によって貨幣を獲得し，それを自分の享楽のために使うのではなく，それにより資本を増加させることが自己目的となる。そして，フランクリンは，その目的を達成するためには，信用が重要であり，信用を得るためには，正直，時間に正確，勤勉，節約が有益であると主張した。

Weber（1920）によれば，人間の金銭欲は古くから存在したものの，合理的

な経営や資本の増殖に特徴づけられるような近代資本主義は成立せず，近代資本主義以前の伝統主義の社会では，労働は自己目的，すなわち，「天職」とはみなされず，人々はこれまでどおりの生活ができる収入が得られれば，その時点で労働を止めていた。生産を増やすためには，労働を天職とみなし，それに励むような心情が必要であり，それを提供したのはプロテスタンティズムであるというのが，Weber（1920）の主張である。

　近代資本主義以前の伝統主義の時代は，単純再生産の時代であり，生産の規模は拡大せず，これまでどおりの生活が繰り返される時代である。それに対して，近代資本主義の時代は，生産の規模が拡大する拡大再生産の時代であり，そこでは，経済主体として資本家（経営者）や労働者の存在が必要であり，労働者も資本家（経営者）もより勤勉に働くこと，資本家（経営者）は，得た利益を投資に振り向けて資本ストックを増やすことが求められる。

　Weber（1920）は，伝統主義から近代資本主義への転換期において，そこに登場する経済主体の行動原理となる精神がプロテスタンティズムと整合的であることを指摘したのであり，実際に近代資本主義の初期において，その担い手の多くがプロテスタントであるということを資料で確認したのである。そして，Weber（1920）も指摘しているように，近代資本主義が定着し，拡大再生産が人々の生活を改善することがわかると，プロテスタンティズムによる「天職義務」がなくても，人々は労働や資本ストックの蓄積に励むことになる。

　筆者としては，ある国が経済発展するということは，拡大再生産がなされるということであり，そこへ移行するための契機があるのかないのか，ないのであれば，それをどのようにつくるかが重要であると考えている。拡大再生産を行うということは，これまでの考え方や行動を変えること意味し，多くの人々がそのメリットを実感しないと拡大再生産への移行は難しいだろう。しかし，拡大再生産のメリットを多くの人々が実感できれば，多くの人々が進んで拡大再生産と整合的な考え方や行動を取り入れるだろう。

　以下では，拡大再生産，すなわち，経済発展の条件，経済発展の初期段階でプロテスタンティズムが果たした役割をより詳しくみていくことにしよう。伝統主義，すなわち，近代資本主義以前の資本主義でも人々の金銭欲は存在し，市場も存在した。しかし，このような世界における生産は，従来の生産規模を

繰り返す単純再生産であり，仕事は世襲であり，慣習で物事が決まっていた。これまでと同じ生活ができるのであれば，それ以上は働かないという状況であり，単純再生産の下では経済は停滞し，経済は発展しなかった。

　経済が発展するために，生産規模が従来と比べてより大きくなる拡大再生産が行われる必要がある。そのための条件の1つは，産業革命がそうであったように，技術革新が促されることである。技術革新が生じて，それが機械のような資本財として具現化されれば，その稼働によって1人当たりの生産量の増加，すなわち，生産性の上昇が可能になる。そして，もう1つの条件は，生産性の上昇で増加した生産物が大量に売れ残ることなく，それらが購入されることである。2つ目の条件が満たされるためには，生産物を購入する人の存在が必要であり，大量生産の時代では，購入が可能となるように，ほぼすべての人の所得が上昇している必要がある。それゆえ，企業家（経営者）は，労働者の賃金を引き上げざるをえないのであり，労働者は労働を増やすことで，より多くの所得を得て，より多様でより多くの生産物を購入でき，それを通じて生活水準の上昇を実感できるのである。生活の豊かさを実感できれば，それが労働者に対してより多く働くインセンティブを与えることになる。

　伝統主義から近代資本主義に変わり，拡大再生産の時代になると，企業の数も増え，企業は他の企業との競争に勝って生き残るために，技術革新に力を入れ，技術革新を反映した生産性の高い資本財を蓄積していかざるをえなくなる。産業革命以降に，世界の人口が急増しているが，技術革新を通じた経済発展によって，それだけ多くの人間を養うことが可能になったことを意味している。

　ひとたび，近代資本主義，すなわち，拡大再生産の時代に突入し，そして，拡大再生産が軌道に乗り，労働者がより多く働き，より多くの収入を得て，それでより多くの製品やサービスを手に入れることで，生活水準の上昇を実感できるようになれば，より一層の生活水準の上昇を目指して，プロテスタンティズムとは関わりなく，進んで労働に励んでいったと考えられる。資本家も利潤を資本蓄積に振り向けることで，さらなる利潤を得らえることを実感できるようになれば，進んで資本蓄積を行っていったと考えられる[4]。

　近代資本主義の初期の段階，すなわち，そのシステムのよさがまだ十分に実

感できない状況下では，伝統主義から脱却するのに必要となる精神的な裏づけが必要であり，Weber（1920）が指摘したプロテスタンティズム，すなわち，自分の生活費を賄う以上の労働にいそしみ，得た所得を浪費せずに，資本の増加に振り向けることをよしとするような思想が重要な役割を果たしたと考えられる。

　以上のように，Weber（1920）が指摘したプロテスタンティズムは，近代資本主義の初期の段階において，資本主義が拡大再生産に移行したり，それを早めるうえで，重要な役割を果たしたと考えられる。

　伝統主義が支配する時代において，従来とは違う発想に基づく行為，すなわち，勤勉に働き，得た利益を浪費せずに，資本蓄積に向けるという行為は，宗教などに裏打ちされた社会的な使命感に基づく信念が突き動かしたのであり，現在では純粋な営利動機に置き換えられたとしても，その転換期において，さらには，現在においても人々の信用を高めているという点において有用性を発揮しているといえるだろう。

## 9．ジェームズ・アベグレンの「日本的経営」

　アベグレン（Abegglen 1973）は，日本の企業管理制度を分析した。Abegglen（1973）は，西欧人の見方では，終身雇用制度は労働力の非流動性をもたらすので，経済的に非効率であるとみなされるが，この制度は日本の社会に根づいており，世界で前例のない最も効果的な企業管理制度であると論じた。

　Abegglen（1973）が指摘した日本における「終身雇用制」の主な特徴は，以下のとおりである。第1に，従業員の採用は公開の労働市場からではなく，直接，学校からである。第2に，採用は特定の職務での募集ではなく，個人の人物的な要件（知能，性格，順応性）による。第3に，雇用はその個人の全生涯にわたり，終身雇用を労使ともに仮定している。第4に，基本給は入社時の教育程度と勤続年数で決まり，能力による幅はほとんど用いられない。基本給以外の報酬として，家族手当，職務給手当，福利厚生サービス，退職金，賞与があり，日本の経営者に支払われる現金給与は欧米と比べてきわめて低い。

第5に，労働組合の交渉単位は会社の全従業員を包含しており，交渉は季節的行事（春闘）になっている。その他の特徴として，会社の収益力の関数であるボーナスやさまざまな諸手当（家族規模，危険な仕事，望まない地方への配転など）があり，休暇は西欧のようにまとめてとらずに，短い休暇を少しずつとる。終身雇用制度は，第二次世界大戦の終戦以来，大企業の一般的なパターンとして制度化されてきたが，Abegglen（1973）が指摘した日本の終身雇用の特徴は，現在でもほぼ当てはまるといえるだろう。

Abegglen（1973）は，アメリカ社会は経済的な関係が非人格化する個人主義の社会であり，人間関係も契約を基本としており，企業の雇用制度や報酬制度もこのパターンと同調していること，他方で，日本では，中根（1967）の主張に基づき，企業と従業員（とその家族）の関係は，純粋な契約的な関係ではなく，従業員（とその家族）は企業一家の一員であるので，企業は従業員の全人格（生活や健康も含む）に対して責任があると考えていること，そして，従業員とその家族の将来は，企業の成功にかかっており，企業が繁栄し，成長すれば，出世し，ボーナスが増えるので，忠誠心や心理的，経済的な一体感が醸成され，従業員は一生懸命に働くことを指摘した。

また，Abegglen（1973）は，終身雇用制度の下では，従業員を企業内で移動させることで，新しい職種の訓練が可能になること，労働組合が労使協調的な「企業別組合」となることで，ストライキによる経済的な損失を最小にできること，さらに，終身雇用制度の下では，労働力の弾力的な活用と新技術の急速な導入が可能となるので，それが企業に競争上の優位性を与えていることを指摘した。

日本における労働組合の役割としては，Abegglen（1973）が指摘しているように，経営者が経営権を乱用することに対する潜在的な対抗力になっているが，それに加え，労働条件にかかわる事項に変更が生じたときの経営者にとっての相談機関や労働者が職場において経営者以外にも上司や同僚などからさまざまな不利益や嫌がらせなどを受けたときの相談機関としての役割があると考えられる。

なお，Abegglen（1973）は，終身雇用制度におけるいくつかの問題点を指摘している。第1に，労働の流動性の欠如である。具体的には，社外からの雇

い入れが難しいので，人材を過剰に抱えざるをえないこと，新入社員にとっての低給料，機会の欠如，重苦しい階層制度は不満の種になること，また無能従業員を退職させるのが難しいことである。第2に，経済成長および企業の成長が前提となることである。なぜならば，企業が成長できないと，年功制度の維持は難しくなるからである。第3に，労務費は高い固定費となることである。第4に，企業同士の合併や企業の買収が困難であるという点である。なぜならば，肩書や地位，人員の削減などの人事問題に関する合意が難しいからである。第5に，国際経営の問題である。なぜならば，外国企業が日本で第1級の人材を確保するのは難しく，逆に，人事問題を処理する基盤と経験を欠いているので，日本の企業が外国に進出するのも難しいからである。

　このような問題点はあるものの，Abegglen（1973）は，終身雇用制は「人間主義的で，対立闘争が少ない」という日本社会の基本的な価値基準および行動パターンと適合しているので，これらが変化しない限り，日本の雇用制度も変わらないだろうと主張している。そして，Abegglen（1973）は，終身雇用制度によって特徴づけられるような日本の制度は，工業化以前から存在していた要素，すなわち，忠誠心や服従のような封建的な要素を近代産業の環境の中で再編成したものとみている。

　Abegglen（1973）の著書は，1970年代前半に刊行されたものである。現在の日本は，非正規雇用が増大し，転職も増えている。それでも，日本の多くの労働者は，正規雇用であり，転職が増えたにしても，それは自分にふさわしい職場を探すためであり，それがみつかれば，そこに長くとどまると考えられる。正規雇用の多くが終身雇用であり，Abegglen（1973）が指摘した終身雇用制度の特徴と問題点の多くは，現在でも当てはまると考えられる。

　Abegglen（1973）によれば，欧米流の特徴は，動機の源泉としてのプロテスタントの倫理，人間の社会的相互関係の非人格化の傾向，合理的世界観の発展であるのに対して，日本は外国の新しいアイデアを取り入れながらも，その中身は日本風にアレンジしている。Abegglen（1973）によれば，企業という形態は同じでも，欧米の雇用関係は，契約に近く，企業は財務の悪化で従業員を解雇できるし，従業員はよりよい条件のところへ移るのに対して，日本の雇用関係は，終身雇用であり，日本の経営者は，国民経済や国家の福祉の観点か

らできるだけ雇用を維持（終身雇用）しようとする。

　Abegglen（1973）は，日本の企業における社長，職位，意思決定について
も，次のように論じている。Abegglen（1973）によると，日本の社長は象徴
的な存在であり，その主たる機能は外部に対して企業を代表することであり，
日本では，象徴的な指導者を通じて，実際の指導者（業務執行を担当する責
任者）が間接的に権利を行使する傾向がある。また，Abegglen（1973）は，
日本の企業では，職位が細分化され，職位の数が多く，副，次，代理などが付
く権限のあいまいな職位が存在すると論じた。Abegglen（1973）は，その理
由として，終身雇用制度下では，有能でない人を解雇できないので，そのよう
な人が十分な年齢に達したときに，企業に無害な職位（代理や副長など）を用
意する圧力となることや社内の従業員に対しては将来の昇進可能性の明確な証
拠となることをあげている。上司と従業員の関係の日本と欧米の違いについて
は，Abegglen（1973）は，欧米の企業における上司と従業員の関係は，非人
格的な関係であるのに対して，日本の企業におけるそれは「家族的」であり，
日本の企業の人材養成は先輩や上司から学ぶ実地訓練であると指摘している[5]。

　Abegglen（1973）は，日本の企業の意思決定における特徴として，以下の
3点をあげている。第1に，ほとんどの決定は，相談や協議という形で，必然
的に時間のかかる手続きを経て，集団によって仕上げられること[6]，第2に，
コミュニケーションの経路ははっきり規定されておらず，それを通じて決定が
伝達されなければならない権限の階層が非常に多いこと，第3に，意思決定に
対する責任を特定の個人に帰するのはほとんど不可能であることである。日本
の企業が個人の責任を問えないような意思決定のシステムを採用している理由
として，Abegglen（1973）は，従業員が一生，その企業で過ごすことになる
ので，意思決定の失敗からその人の威信や評判を守る必要があるためであると
論じた。他方で，このような意思決定の問題点として，Abegglen（1973）は，
市場の急変等にすばやい対応ができない点や組織の弱点を迅速的かつ効率的に
矯正できない点をあげている。

## 10. ジェームズ・アベグレンの「日本的経営・再考」

　アベグレン（Abegglen 2004）は，1973 年に著書（Abegglen 1973）を刊行
し，日本の企業経営についての研究成果を発表したが，それから約 30 年後の
2004 年にも著書を刊行し，この間における日本の企業経営の変化について言
及している。そこでの結論を要約すれば，日本企業は環境の変化に応じて，経
営を変えているものの，企業にとって従業員が最大の利害関係者であるという
根幹の考え方には変化がなく，今後の日本の企業はこのような日本文化に特有
の価値観を基礎に据えていくだろうということである。

　Abegglen（2004）は，日本の特徴として，21 世紀に入っても，家計の貯蓄
は多く，半分以上が銀行預金であること，所得分配はかなり平等であり，北欧
並みであること，治安がよく，犯罪率も低いこと，教育や健康度がよいこと，
民族，宗教，階級の違いによる対立が少ないこと，そして，他国に干渉しよう
とせず，軍事力を行使せず，経済支援，人道支援を世界各国に提供しているこ
とを指摘し，それでも，日本人が自国に誇りをもてないのが不思議であると述
べている。

　このような日本人の態度に関しては，日本人は自慢すると周りの人に嫌わ
れ，謙虚でいることが周りの人によい印象を与えられるという日本人の考え方
や，同じ事柄でも日本人はよい面よりも悪い面を気にする心配性の国民である
ことなどが反映されたためであると考えられる。

　Abegglen（2004）は，欧米と日本の企業統治の違いについて指摘している。
すなわち，欧米では，企業は株主の所有物である。経営者は株主の代理人であ
り，経営の目的は株価を高めることである。そして，実際の株主のほとんどは
機関投資家であり，関心は所有権でなく，株価上昇による短期の利益にある。
他方で，日本では，企業は売買の対象でなく，短期の利益を目標としない。企
業という家族（共同体）の長期的維持と繁栄が企業にとっての最大の目標であ
る。日本の企業は共同体であり，共同体の全員の利益は共同体全体の成功にか
かっている。各人が仲間をよく知っており，報酬はかなり平等である。他の人
を犠牲にした一部の人の高収入は許容されない。管理職は共通の価値観をもつ

内部から選ばれる。Abegglen（2004）は，欧米の方式は日本にそぐわないものの，日本的経営は視野が狭くなる危険があるので，顧問委員会に社外の人材を入れていると指摘している。

Abegglen（2004）は，日本における企業内の報酬格差は，英米企業と対照的に比較的小さく，日本における社長の報酬は，従業員の平均の約10倍，大企業のボーナスを含む給与は，取締役が社員の平均の2.5倍であり，1970年代からほとんど変化していないのに対して，2000年のアメリカでは，CEO（最高経営責任者）の年収は，一般従業員の平均の531倍であると論じている。

Abegglen（2004）は，日本で1990年代初めにバブルが崩壊し，需要が低下すると，企業は経営の指標を市場シェアからキャッシュフローに変えたことを指摘した。その際に，企業は既存の社員の雇用を守るために，非正規雇用を増加させたが，Abegglen（2004）は，非正規雇用の増加の理由として，それを可能にした経済環境の変化と終身雇用になじまない分野の拡大の2つをあげている。すなわち，1つは，サービス経済化による柔軟な勤務時間による単純労働のニーズの拡大であり，もう1つは，情報化による情報分野のソフト開発などのような期間限定かつ専門性の強いサービスのニーズの発生である[7]。それでも，Abegglen（2004）は，1950年代に確立した「日本的経営」，すなわち，合意に基づく意思決定，終身雇用制，年功制の基づく昇給と昇進，企業内組合を特徴とする経営方式は日本企業に根づいており，日本企業は今後も日本文化に特有の価値観を基礎にしていくだろうと主張している。

なお，今後，日本が直面する少子高齢化に対する対応として，Abegglen（2004）は，以下のような主張を展開している[8]。すなわち，少子化による労働力不足に対しては，大量移民は日本文化との軋轢が生じるので，その必要はなく，ロボットを使った自動化の促進，定年の延長，保育施設の増加などによる女性の活用によって対応すべきであるという主張であり，さらに，少子高齢化で，1人当たり所得水準は上がるので，需要は減らず，パターンが変化するだけであり，成人教育，大人の娯楽，住宅の改築，贅沢，医療サービスの需要の増加が見込まれるので，日本の企業が技術開発を重視し，独創的な高付加価値の商品開発を行えば，国際競争で有利に立てるという主張である。

## 11. 馬場宏二の「会社主義」

　東京大学社会科学研究所（1991）の序章において，日本の第二次世界大戦後の急速な経済成長の要因が考察されており，その条件として国際的条件と国内的条件の２つがあげられている。国際的条件とは，アメリカへの依存であり，具体的には，アメリカへの軍事依存によって軍事費を抑制でき，資本蓄積のための投資ができたこと，原材料をアメリカから安く入手できたこと，アメリカから技術を導入できたこと，広大なアメリカ市場を得たことである。国内的条件とは，戦争による既存施設の破壊で，革新的な設備投資が可能になったこと，後進性のために有利な条件が得られたこと，そして，日本に特有の「会社主義」が存在したことである。

　ここでは，日本の高成長の源泉の１つとなった会社主義に注目したい。会社主義は馬場宏二の造語であるが，馬場は東京大学社会科学研究所（1991）の第１章において，会社主義について詳しく説明しているので，それをみていこう。

　馬場は会社主義の「原型形成期」，「潜伏期」，「本格的形成期」を次のように位置づけている。会社主義の「原型形成期」は戦間期であり，そこでは重工業化，すなわち，重工業の大企業において終身雇用，年功制，企業別組合の方向性が現れていた。会社主義の「潜伏期」は戦時統制（計画経済下で利潤追求は罪悪視，労働運動は抑圧）と戦後改革（所有者支配の後退，工職間平等化，労働組合の企業別化）の時期であり，会社主義の「本格的形成期」は高度成長期（1955年からオイルショックまで）である。ただし，馬場によれば，会社主義の本格的な解明はまだである。

　馬場は，会社主義の下では，１つには，会社に忠実な従業員は，労働意欲が高く，長時間労働をいとわず，会社の発展に協力し，合理化に協力し，生産性の上昇に積極的に参加するので，もう１つには，労働組合は協調的であり，争議が抑制されて，不況期には賃上げを自制するので，会社ごとに技術革新と雇用が拡大し，国全体の経済も発展すると論じた。

　馬場は会社主義には，以下に示すような４つの特徴があると主張している。第１に，会社は株主でなく，社員の集団として意識されるので，所有者支配が

弱い。最高経営者は，従業員の出世頭で，従業員全体の利益を優先する。経営者は，長期戦略をとり，雇用維持，シェア拡大，技術革新，新製品，生産力上昇を目指す。第2に，企業内の流動性の高さや工職身分格差の撤廃によって，従業員内部での格差や断絶が少ない。それによって，従業員は安定感を得て，経営参加を強める。昇進の身分差別は打破されたが，代わりに，従業員同士の昇進や昇格をめぐる長期にわたる競争構造がつくり出される。このような競争によって生産性が上昇する。第3に，現場主義である。ホワイトカラーとブルーカラーが共同で作業を行ったり，それぞれに行き来する。第4に，取引関係の長期性である。すなわち，社内では終身雇用であり，企業間取引も長期にわたる。

　経済成長の観点からみると，会社主義のメリットは，以下のように要約できるであろう。第1に，馬場が指摘したような企業内における昇進を目指した従業員間の競争もあるが，運命共同体の企業における経営者と従業員間および従業員間の利害の一致と長期的関係に基づく企業内の濃厚な人間関係と情緒的なつながりに基づく一体感と結束によって，企業自体の競争力が強化されたことであり，第2に，運命共同体の会社における経営者と従業員の利害の一致に基づく企業の維持・成長のための資源の投入，すなわち，利益配分で，経営者や従業員の取り分（ただし，雇用は優先される）よりも企業の維持・成長のための投資，すなわち，資本蓄積が優先されることで，企業の競争力が強化されたことである。

　会社主義は終身雇用を前提としているが，長期的な人間関係の下では，社内の人同士で情緒的な結びつきが生じやすくなる。そして，情緒的な結びつきがあるからこそ，長期的な人間関係を築くことが可能になる。第Ⅱ部の実証分析の結果を先取りすると，日本人の多くは，安心，安定，安全を重視するという考え方を共有しているが，長期的な人間関係が組み込まれた会社主義は，そこから安心，安定，安全を得られるという点で日本人の価値観に適合しており，日本人の国民性と整合的であると考えられる。

　また，馬場は，会社主義は生産力上昇のための人類史上最高の機構になったのであり，会社主義は多くの地域へ移転されるであろうと論じている。馬場が記述したような会社主義は，日本人の国民性，すなわち，日本人に特有の

価値観や社会規範に合致しており，日本においては生産力の上昇に大きく貢献したと考えられるが，他の国の人々は日本人に特有の価値観や社会規範を共有しているわけではない。それゆえ，このシステムの他の地域への移転は難しく，1990年代以降もこのシステムが世界に普及したという証拠はみられていない。馬場は，会社主義の本格的な解明はまだであると述べているが，会社主義は日本人の国民性と整合的であり，国民性と整合的なシステムが形成されたと考えることができるだろう。

なお，馬場は，資本主義の失敗の予言がなぜ外れたかについても言及している。馬場は，その理由として，古典的資本主義では，資本家が資本蓄積を欲する一方で，労働者は疎外されるが，現代資本主義は，大衆民主主義を内包しており，資本蓄積による経済成長の成果は労働者にも分与され，地球環境危機をもたらすほどの大衆の過剰富裕化が生じている点を指摘している。

資本主義が失敗して，社会主義化せずに存続している理由について，さらに深く考えてみると，それは次のようにまとめることができるだろう。資本主義が発展して，資本蓄積が進み，生産力が増加すれば，当然，一般大衆向けの商品やサービスが市場に溢れることになろう。それを購入するのは，一般大衆であるため，それを購入可能な所得を一般大衆が得ている必要がある。その方法としては，政府が再分配政策を行うことで，一般大衆の所得を増加させること，もしくは，企業が従業員の賃金を引き上げることである。後者に関しては，日本では春闘という形で，日本の企業の多くが一斉に賃金の引き上げを行うシステムが存在している。

また，資本主義が発展すると，機械では置き換えられない高度な能力が労働者に求められるようになる。そのような能力は希少なために，そのような能力をもつ労働者は高い所得が得られるので，そのような能力を身につけるために，労働者は進んで教育に投資を行うことになる。労働者の多くがこのような行動をとると，労働者の知識や能力の水準が向上し，人的資本が高度化する。

他方で，資本主義が発展すると，企業間競争が激しくなるので，競争に勝ち抜くために，企業経営に長けた者が経営者になるのが得策である。それゆえ，企業の経営者は，世襲でなくなり，経営能力の高いものが経営者に就くことになる。

　資本主義が発展すると，資本蓄積のための資金調達も変化する。企業間競争に勝つには，企業自身が利益をあげて，それを資本蓄積に回すのでは，遅れをとったり，最適な資金量を得られないので，株式市場や債券市場から資金を集めることになる。大量の資金を株式市場から調達する場合には，通常，一般大衆を含む多くの人たちから資金を集めることになるため，古典的な資本主義におけるような資本家と呼ばれる人たちは存在しなくなる。

　現在でも，株式投資や株式の保有で多くの資産を保有している人たちがいるが，これらの人たちの資産は，人々がお金を払っても手に入れたいような価値のある商品やサービスを提供している企業に資金を提供していることの対価であると考えることもできる。それゆえ，これらの人たちも社会において一定の役割を果たしているとみなすことができるだろう。

## 12．鯖田豊之の「自然条件」

　鯖田（1966）は，日本とヨーロッパに特有の風土的，自然的条件は最後には社会的条件も規定すると考え，日本とヨーロッパの違いを食生活から理解しようとした。鯖田（1966）は，日本とヨーロッパを比較しながら，農業と食事について以下のように論じている。日本では，主食は米飯であり，暑熱・温潤な気候で，苗代づくり，田おこし，田植え，草取り，虫よけなどの重労働が続く一方で，1人当たり農地面積は，ヨーロッパより小さいものの，水稲は水とともに養分が入るため，陸稲の2倍の収穫が得られる。他方で，ヨーロッパでは，気候は暑熱・温潤でなく，麦は種まき後，手入れをせずに，収穫まで放っておけるものの，その生産性は低い。中世に三圃式農業（小麦，大麦，放牧を1年ごとに繰り返し，3分の2を耕作）が導入されたことで，穀物栽培と家畜の飼育がワンセットになり，肉とパンのセットの食事が定着した。それにより，主食と副食，すなわち肉かパンかの区別がはっきりしない状況が生まれた。

　鯖田（1966）の考察から，その土地の風土や自然条件と整合的な農業，畜産業，漁業が成立し，そこから手に入るものと整合的な食事が成立しているといえるだろう。日本における農業では，狭い農地で自然と戦いながら，手間のか

かる作業が要求されるため，人々は勤勉でなければ生きていけない。それゆ
え，勤勉であるという価値観が受け入れられ，根づいたと考えられる。日本で
は，自然から恵みを受ける一方で，一瞬ですべてを失うような自然災害が繰り
返し起こっているため，保険という意味での周囲の人との友好関係の維持は重
要であり，他人への配慮という価値観が根づいた可能性があるだろう。

　鯖田（1966）によると，「旧約聖書」において，神の創造物である人は特別
な地位にあり，動物を支配して食べる権利があるが，中心となる人間はキリ
スト教徒たるヨーロッパ人に限られ，それ以外は劣等人間である。さらに，鯖
田（1966）は，キリスト教徒たるヨーロッパ人はさらに支配階級と被支配階
級に分けられ，ヨーロッパの支配階級は少数の特権階級に属し，浪費は美徳で
あり，階級間断絶が大きく，完全な横割りの強い身分意識が存在すると主張す
る。鯖田（1966）は，このような身分意識や階層意識の重圧に対する反動とし
て個人の意識（自由，平等）が噴出し，革命が起こるが，日本では，上の者が
下の者に分け与え，下の者が上の者に奉仕するため，相互依存関係が大きく，
君主は質素であり，日本では，階級意識，社会的意識が弱く，すべて家族意識
に結びつけようとすると論じている。

## 13. 和辻哲郎の「風土論」

　和辻（1979）は，世界には３つの風土的類型があり，そこに暮らす人間の風
土的特質は消えないと主張する。和辻（1979）によれば，３つの風土的類型と
そこに暮らす人間の風土的特質は以下のとおりである。

　第１の風土的類型はモンスーン地域であり，気候は「温潤」である。この地
域は日本を含む東アジアである。この地域の人間は自然の脅威の前では無抵抗
にならざるをえないが，温潤な気候は自然の恵みをもたらす。この地域の人間
は「受容的」，「忍従的」であり，感情的に洗練されている。

　第２の風土的類型は砂漠地域であり，気候は「乾燥」している。この地域は
アラビア，アフリカ，モンゴルを含む。この地域では動植物が住まず，生気が
ない。この地域の人間は砂漠や遊牧の民であり，生活単位は「家族」でなく，
「部族」である。部族は草原や水を守るための防護団体であり，部族に属する

人間は，力，勇気，強い意志が必要となる。砂漠では自然は死であり，生は人間の側にあるため，神は人格神になる。この地域の人間の特徴は荒々しさ，神への絶対「服従」，水をめぐる他民族との「戦闘」，強い意志などである。

　第3の風土的類型は牧草地域であり，気候は「湿潤」と「乾燥」を統合したものである。この地域はヨーロッパである。ここでは，従順で秩序正しい自然を人間が「合理的」かつ「人工的」に支配する。この地域の人間は「理性的」である。この地域では，人間を「個人」としてみており，家族は経済的利害による個人の結合体である。やせた土地は人の能力や技術を発展させる。

　和辻（1979）が指摘するように，日本では，台風のような自然の脅威は，人間が制御できるものではないので，このような自然環境と整合的な特性として，日本人の忍従性が培われたと考えられる。日本人の自然に対する考え方として，それは支配するものではなく，それに従うもの，さらには人間も自然の一部であり，人間と自然は不可分であるという考え方が根づいたと考えられる。自然は敬うものであり，自然を神に見立てたため，万物に神が宿るというような多神教の考え方が育まれたものと考えられる。また，日本を取り巻く自然は驚異でもあるが，四季があるように多様であるため，日本人の感覚が磨かれたと考えられる。

　和辻（1979）は，モンスーン的な気候の下にある日本では，家族の全体性が個々の成員より優先される点，さらには，明治維新の尊皇において，日本国民は，皇室を宗家（本家）とする「家」のアナロジーで，国民の全体性を自覚しようとした点を指摘している。自然の大きな脅威にさらされている日本では，このような脅威に対抗し，個人が生存し，子孫を残していくためには，家族，さらには，もっと大きな集団の単位で個人が結束していく必要があったと考えられる。他方で，日本は海で隔てられており，異民族の侵入がほぼなく，民族の同質性が高いという特徴をもち，日本の国内は，山が多く，居住面積は少なく，狭い地域に人口が集中し，人々の間の強い緊張関係が発生しやすい状況下にあった。このような状況下では，対立して争うよりも，互いに相手を受け入れ，結束して自然の脅威に対抗したほうが，個々人にとって得策であったとも考えられる。

　また，和辻（1979）は，家としての共同体は，個人の自覚を必要としない感

情融合的な共同体であると論じているが，これは日本人がもつ個人的な自覚の
希薄さをもたらしたものと考えられる。

## 14. 梅棹忠夫の「文明の生態史観」

　梅棹（2002）は，文明を人間と装置（施設や制度）で形成する１つのシステ
ムと定義し，日本を含め，世界の文明がさまざまな文明の中でどのように位置
づけられるかを研究した。梅棹（2002）によると，日本の文明は，西洋文明の
模倣ではなく，独自のコースをたどって発展した別種の文明であり，西洋と日
本で文明の「平行進化」があったと主張する。梅棹（2002）によれば，日本文
明の始まりは江戸時代であり，鎖国体制の下で，新田開発，手工業，交通通信
ネットワーク，教育整備（寺子屋）がなされ，明治以降の経済発展の基盤が形
成されていた。

　梅棹（2002）は，世界を次のように把握する。世界の真中に乾燥地帯（暴力
と破壊の巣窟）があり，その左右に第２地域があり，それぞれその外に第１地
域がある。第１地域に属する日本と西欧は，絶対王制（梅棹は徳川幕府を徳川
王制とみる）の下で，ブルジョアジー，すなわち，中産階級を育成した封建制
度を経験し，その後に，ブルジョア革命（梅棹は明治維新をブルジョア革命と
みる）を経て，高度な資本主義を発展させた。第１地域は温暖で，降雨は適度
であり，土地の生産性が高い。第１地域は辺境にあり，他の地域からの攻撃と
破壊から守られ，自成的遷移（内部からの力による発展）が生じた。他方で，
第２地域に属する中国世界，インド世界，ロシア世界，地中海もしくはイスラ
ム世界では，高度な資本主義は未発達で，革命以前は専制君主制か植民地体制
であり，革命後は独裁体制である。

　梅棹（2002）の主張で注目すべき点は，資本主義の担い手となる中産階級の
育成において重要な役割を果たす封建制度が，日本と西欧でそれぞれ無関係に
ほぼ同時期に発生したという点にあるだろう。梅棹（2002）によれば，高度な
資本主義を発展させるためには，中産階級の存在が必要であり，封建制度が中
産階級を育成したので，封建制度を経験することが重要な要件になる。

　封建制度の経験が経済発展につながったという点に関しては，封建制度の下

では，社会が組織化され，各人がそれぞれの役割が与えられており，各人は社会を有機的な組織体として把握する考え方が自然に身についていた可能性があるだろう。このような社会観は，分業を前提とする資本主義と親和的であろう。

　なお，梅棹（2002）は，現代における日本の特徴として「平等主義」と「無階級社会」をあげている。梅棹（2002）は，その理由を第二次世界大戦後の法律や制度の改革に求めている。すなわち，戦後の日本では，新憲法下で，家父長制・長男相続制から男女平等へと移行し，貴族制の廃止や財閥解体がなされたため，小作人が農地を所有するようになり，給与所得者の給与の格差は小さく，総中流化が進み，家族の人数の減少，働く女性の増加，家庭生活における母子軸の強さや父排除の傾向がみられたからである。

## 15. 山本七平の「日本的資本主義」

　山本（2015）は，資本主義の外装は同じでも，華僑資本主義やアラブの資本主義など，内実が違うさまざま資本主義が存在しており，そこでは，「非経済学的原則」が通用し，それも一種の合理性をもつと論じた。

　山本（2015）は，日本では，経済学や経営学は役に立たず，経験則が重要であり，日本の特徴は，雇用契約のない終身雇用であることを指摘し，日本人が一流大学を目指す理由は，一流企業への就職，終身雇用，年功序列など有利な地位に進めるからであると論じた。山本（2015）は，日本における年功序列の完成期として江戸時代に注目しており，江戸時代の年功序列において，商店では，丁稚，手代（てだい），番頭，大番頭，宿這入り（やどはいり），暖簾分け，という序列があり，年功序列のシステム（親，子，孫企業群と，その下にそのまた下請けという渡り職人がいる）は，江戸時代に完成されたと論じている。

　山本（2015）によれば，日本の企業には2つの側面がある。1つ目の「機能集団」としての側面では，利潤の追求が目的になり，2つ目の「共同体」としての側面では，組織（企業）の維持自体が目的になる。そして，後者の目的が優先すると，利益をあげることがおろそかになるが，利益をあげないと組織

（企業）を維持できないので，それが歯止めになると山本（2015）は指摘している。企業と社員との関係については，山本（2015）は，以下のように論じている。企業の正社員は共同体の構成員と位置づけられるため，解雇はできないが，臨時職員は共同体の構成員とは位置づけられず，解雇が可能である。正社員が共同体（企業）の名誉を汚すと，追放され，人格も否定されるので，自己を否定して，共同体を優先させる。

　山本（2015）は，英米と日本の違いについて，次のように論じている。英米では，職能集団（利益）と共同体の区別がはっきり分化しており，そこにおける人間の地位を保障しているのは「契約」のみである。アメリカの職能集団では，参加は契約に基づき，業務内容は細かく規定され，昇進は契約の更改による。他方で，日本における法規は，その原則どおりに組織を運用するためのものではなく，体制を維持するために必要に応じて利用されるのであり，日本は共同体と機能集団が分化していない疑似の血縁関係によって統制がなされてきたのである。

　山本（2015）によれば，日本におけるマイナスの側面は，職能集団かつ共同体において，例えば，国鉄や軍部のように共同体の維持が強く出ることである。山本（2015）は，機能集団（成果を評価）と共同体（行為を評価）をいかに両立させるかが問題であり，自己把握（自己診断による自己管理）が重要であると論じている。

　山本（2015）は，日本人の労働観について，仏教などとの関係を含めて言及しているので，それにも触れておこう。山本（2015）は，戦国末期から江戸時代の秩序確立期に武士から出家して禅宗の僧侶になった鈴木正三に注目した。鈴木正三によると，世俗の業務（農工商）は宗教的修行であり，社会の役に立っている。暇があると，欲や怒りなどの煩悩が増大するので，一心不乱に仕事に励むことで，成仏できる。正直の旨を守って商売すれば，結果としての利潤は肯定される。山本（2015）は，日本人にとっての働く目的は利潤追求の経済的行為ではなく，禅的修行であり，鈴木正三の禅とエコノミックアニマルそれぞれの基本は同じであると論じている。

　山本（2015）によれば，日本では，働くことは仏行と同じことなので，働いていないと非難されるが，アメリカでは，定年は労働からの解放を意味するの

で，定年を喜ぶ。山本（2015）は，日本人の独創的思想として，世俗の業務という仏行に励めば，各人は精神的に充足し，社会の利益になり，秩序は保たれる点を指摘している。

　山本（2015）は，江戸時代の思想家，石田梅岩にも注目している。石田梅岩によれば，人は宇宙の秩序に即応して生きるべきであり，神仏儒の役立つものは何を使ってもよい。石田梅岩によれば，私欲を出さず，正直で自制心をもち，商人であれば，消費者に奉仕し，質素な生活をしている人は，社会的信用を得て，資本を蓄積し，結果として利潤を得ることができる。山本（2015）は，石田梅岩の思想とピューリタンの倫理との類似性を指摘している。

　山本（2015）は，江戸時代には戦いがなくなったので，武士は経済官僚として，藩が存続していくために資本を用いて利益を得ることが求められたと主張している。例として，上杉鷹山を取り上げ，上杉鷹山が破産寸前の藩を立て直し，倹約，減俸，人員整理を行い，開墾を奨励して，武士（潜在的失業者）を生産的労働へ転化させたと論じている。

　山本（2015）によれば，正三，梅岩，鷹山にとって，さらには大名であれ，商人であれ，私欲なき経済合理性の追求とそれに基づく労働（仏行）は善であり，生産活動（商業活動含む）は精神的な充足を得られる神聖な業務である。

　江戸時代に注目した山本（2015）の主張から，一方で，農民や商人には正直の旨を守って勤勉に仕事を行うべきであるという規範が宿っており，他方で，利益の追求を否定する武士においても，武士が経済官僚になり，藩の維持のためには生産力を増強する必要に迫られて，資本の論理を学ばざるをえなかったため，資本主義において求められる人々の素養は江戸時代に育まれたと考えられる。

　しばしば日本の生産性は低いことが指摘されるが，山本（2015）は，この理由についても言及している。山本（2015）は，日本では，働くことは美徳であるために，企業において忙しく振る舞う余剰人間が発生してしまうので，「働き人間」と「動き人間」が混在する状況が生まれ，加えて，日本の各部署は，人員を余計に欲しがるため，アメリカのほうが生産性は高いと論じた。

## 16. 寺西重郎の「仏教と経済発展」

　寺西（2018）は，日本の経済発展において，仏教の果たした役割を強調している。寺西（2018）は，鎌倉時代の新仏教がもたらした宗教実践の易行化が，求道的な職業倫理と結びつき，信頼や共同などの社会関係資本を蓄積させ，そして，それが取引コストの低下をもたらし，経済を発展させたと主張する。寺西（2018）は，求道的な職業倫理と仏教との関係について，以下のように論じている。求道的な職業倫理に基づく行動とは，利潤だけでなく，煩悩を払うために，自己鍛錬にいそしみ，農民も商人もそれぞれの職分に従った行動をとることである。仏教では，過去の善行や悪行で，現世の状態が決まる。輪廻（生あるものは無限に転生（生まれ変わる）すること）における業法の苦しみから脱却し，悟り（無常の世界を理解）を得るために，正直，勤勉，真摯，倹約などの道徳律に基づく善行を行う。また，日本人に特有の他者への配慮について，寺西（2018）は，仏教において善悪の程度を身近な他者への反応を見て判断するため，他者への配慮は仏教に由来すると主張している。

　寺西（2018）によると，日本の労働力は，自己の人格的存在と不可分であり，日本型経済システムにおいては，企業の利潤はステークホルダー間でシェアされ，企業は事業資金を身近な銀行から借り，生産活動そのものに意味があると考えるので，資本主義の技術的制度は，世界的に共通化しているものの，労働者や企業家の精神はそれぞれの歴史を反映しており，異質であると主張している。

　また，寺西（2018）は，日本人に特有の精神や道徳律の起源として江戸時代に注目した。江戸時代の通俗道徳の徳目は，勤勉，倹約，正直を柱とするものであり，日常の職業生活における厳格な鍛錬による切磋琢磨と自己規律，自己変革が要請され，その中から，日本の「ものづくり」精神や顧客・生産者関係が生まれてきたと寺西（2018）は論じる。大乗仏教の道徳律では，十善道（殺生，偸盗（盗み），邪淫（よこしま，みだら），妄語（うそ），両舌（2人を仲たがいさせる），悪口，綺語（中身のないことをいう），貪欲，瞋恚（憎しみ怒りの心），邪見（因果を認めない心）の10の行為を避けること）と八正道（正

見，正思，正語，正業，正命（正しい生活），正精進，正念（正しい理想をもつ），正定の10つを実行すること）それぞれを守れば，煩悩は抑えられ，最終的に悟りに達し，輪廻に苦しみから脱却できるとされるが，寺西（2018）は，心の平安を確保する十善道のような道徳律が江戸時代に現れ始めるとみる。

また，寺西（2018）は，不正を防止する仕組みとして，農村における村八分（村の掟や秩序を破った者を住民全体で絶交する），商人における株仲間（江戸時代に幕府や藩から許可を得た独占的な商工業の同業組合で，信用を第1として，取引相手を尊重し，不良品を取締り，不正商行為を排除する効果があった）の存在を指摘する。

資本主義を肯定する議論では，そこに登場する人々は，自分の利益を追求することが前提とされ，それが市場における競争を通じて，社会全体の生産を向上させることで，社会全体の利益に結びつくことが強調されるが，他方で，市場の取引において，相手をごまかす，だます，裏切るなどの行為は，それを行った者に短期的には利益をもたらすことになる。しかし，これらの行為は，取引相手に猜疑心を芽生えさせ，取引を減少させて，社会の利益を低下させたり，契約を結ぶ必要が生じて，追加の契約コストを社会に負わせてしまう。したがって，自分の利益を追求する場合でも，相手を尊重し，正直かつ誠実に行動することで，相手に信頼されることが重要であり，それによって取引が円滑に進み，自分のみならず社会全体にとっても利益が促進されることになる[9]。寺西（2018）によれば，現在の日本人にも引き継がれている正直や誠実などの社会規範の源流は，仏教，とりわけ新仏教にさかのぼることができるのである。

注

1　日本では，雇用者に占める非正規雇用者の比率が上昇を続けており，総務省統計局の「労働力調査（詳細集計）」によると，2019年における非正規雇用者の比率は，男性では22.9%，女性では56%，総数では38.3%であり，総数でみて非正規雇用者の比率は4割弱である。それでも，6割強は正規雇用者であり，年齢階層別では男性の35歳から54歳の雇用者のうち正規雇用者の比率は9割を超えている。日本では，解雇規制が厳しく，正規雇用者を解雇するためには客観的に合理的な理由があり，社会通念上相当であると認められることが必要である。以上のことから，日本では，雇用の非正規化が進行しているものの，依然として，法的に守られた正規雇用が主流であり，日本でよくみられる正規雇用者の長期雇用は現在においても，日本社会を特徴づける現象の1つであると考えられる。

　勤続年数をみてみると，労働政策研究・研修機構の「データブック労働比較2019」によれば，

  2017 年において，勤続年数が 10 年以上の雇用者の比率は，日本が 45.8％であるのに対して，アメ
  リカが 28.8％，イギリスが 31.8％である。日本の勤続年数は国際的にみても長いといえるだろう。
2  新型コロナに対する政府の対応とそれに対する国民の反応については，第Ⅲ部の本編で論じる。
3  戦後において家族は大きく変化したが，その背景と影響については，第Ⅲ部の本編で論じる。
4  現代では，先進国が経済発展のモデルとなるので，プロテスタンティズムがなくても，発展途上
  国は先行する先進国の資本主義のシステムを参考にして，それを取り入れることが可能であろう。
  ただし，実際に経済発展するためには，その国の人々の行動を規定するその国の社会規範も影響を
  与えるため，先進国のように経済発展するのは容易でないと考えられる。
5  上司と部下の関係については，第Ⅲ部の本編で論じる。
6  欧米と比べた日本における会議の意義については，第Ⅲ部の本編で論じる。
7  現在の日本では，デジタル化や情報化が進行している。総務省の『令和 3 年版　情報通信白書』
  によると，2020 年のインターネット利用率（個人）は 83.4％である。端末別のインターネット
  利用率は，スマートフォンが 68.3％，パソコンが 50.4％である。年齢階層別のインターネット利
  用率は，高齢者において相対的に低いものの，年齢階層別にみると，10 歳代（13 歳以降），20 歳
  代，30 歳代，40 歳代におけるインターネット利用率はそれぞれ 90％台の後半であり，50 歳代で約
  95％である。若年・中年層が，今後，高齢層に移動するため，ほぼすべての人がインターネットを
  利用する状況になると予想される。
8  厚生労働省の『令和 2 年版　厚生労働白書』によると，日本では，長期わたり合計特殊出生率が
  2 を下回っており，他方で，平均寿命は長期にわたり上昇を続けているため，人口減少と高齢化が
  同時に進行している。
    総務省統計局の『国勢調査』によると，日本の人口は，2008 年の 1 億 2808 万人をピークに減少
  を続けている。内閣府の『令和 3 年版　少子化社会対策白書』によると，日本の人口は，2020 年
  で 1 億 2571 万人であり，日本の人口はその後も減少を続け，2053 年には 1 億人を割って，9924 万
  人になると予想されている。
    内閣府の『令和 3 年版　高齢社会白書』によると，日本の高齢化率（65 歳以上人口比率）は，
  1950 年には 5％に達していなかったが，1970 年に 7％を超え，1994 年には 14％を超えた。高齢
  化率はその後も上昇を続け，2020 年には，28.8％に達し，2036 年には，33.1％に，2065 年には，
  38.4％に達すると予想されている
9  取引は，取引の参加者が取引を行わないより，行ったほうがプラスになる（すなわち，新たな便
  益や利益が発生する）から行われるので，取引前と比べて，取引後のほうが社会において発生する
  便益や利益は増加している。互いに信用できない社会は，互いに信用できる社会と比べて，取引数
  が減少するので，それを通じて社会で生じる便益や利益も減少してしまう。

# Ⅱ．実証編

　第Ⅰ部の理論編では，日本人と日本社会について考察した文献および日本人と日本社会について考察する際に参考になる文献を概観することによって，日本人にみられる特徴的な考え方や行動，日本社会にみられる特徴的な現象などを明らかにしてきた。第Ⅱ部の実証編では，「世界価値観調査」の調査結果に照らして，第Ⅰ部の理論編で明らかにされた日本人にみられる特徴的な考え方や行動が，国際比較の観点から実際に当てはまるのかを検証していくことにしたい。

# 1.「世界価値観調査」

　第Ⅰ部では，日本人と日本社会について考察した文献を概観した。そして，そこからいくつかの知見が得られた。例えば，Benedict（1946）や中根（1967）の文献から読み取れるように，日本人が安心，安全，安定に大きな価値を置いていることなどである。第Ⅱ部では，第Ⅰ部で得られた知見が実証的に支持されるかを確認していくことにしよう。

　確認作業のために使用するのが「世界価値観調査」である。この調査は異なる国や地域に住む18歳以上の人々を対象に共通の調査票を用いて，社会，文化，政治などについての意識を調べたものであり，1981年以降，約5年間隔で実施されている。調査は面接法で実施されており，「わからない」,「無回答」,「該当せず」などの回答については，回答者から言及があったときに選択肢として設定している。

　本書で使用するデータは，2017年から2020年を調査実施年とし，51の参加国・地域を対象とする第7回調査（World Values Survey Wave 7（2017-2020））から得られたデータであり，日本のデータの調査実施年は2019年である。なお，調査対象の51か国・地域は，欧米の先進国を網羅するものではないが，超大国のアメリカとヨーロッパの代表的な先進国のドイツが含まれているので，国際比較において，このデータの利用価値は大きいと思われる。このデータ以外に使用可能なデータとしては，本書で使用するデータに欧州価値観研究（European Values Survey）によるヨーロッパ諸国のデータを加えた結合データがあるが，この結合データは対象となる国の数を増やせるという利点があるものの，共通に利用できる質問数が減少するという欠点がある。とりわけ，結合データでは，筆者が最も重要と考えている「自由と平等のどちらを優先するか」および「自由と安全のどちらを優先するか」の質問が欠落してしまうので，本書では，これらの質問が含まれる51の参加国・地域を対象とするデータを使用することにする。

　「世界価値観調査」は，世界の多くの国・地域の人々に対して，同じ質問を行っているので，日本人の意識が他の国・地域と同じなのか，異なっているの

か，異なっているとすれば，どのように異なっているのかを知ることができる大変貴重な資料である。この調査のデータを使用することで，日本人に特徴的な考え方を明らかにすることができる。

　なお，2010 年の第 6 回調査の概要およびその調査結果を用いた分析は，池田（2016）によってまとめられている。第 6 回調査と第 7 回調査では，参加国や調査票の質問に少し違いがあるので，注意が必要であるが，本書では，第 7 回調査の結果を中心に報告しつつ，必要に応じて，第 6 回調査の結果にも言及していきたい。

　「世界価値観調査」は，各国の国民性や社会規範を考える際のエビデンスを示す重要な資料なので，多くの紙面を割いてみていくことにするが，筆者の問題意識に照らし，調査におけるすべての質問を取り上げているわけではないことにも留意されたい。以下では，第 7 回調査の結果を報告するが，欧州価値観研究によるヨーロッパ諸国のデータも射程に入れた結果の報告は，電通総研・同志社大学（2021）によっても行われているので，併せてそちらも参照されたい。

## 2．幸福度，生活満足度，人生の自由度

　幸福度，生活満足度，人生の自由度については，2010 年のデータを使用して，池田（2016）の第 2 章において，山﨑聖子が分析しているが，ここでは，2017 年から 2020 年のデータを使用した分析を行う。以下における問は第 7 回の「世界価値観調査」（World Values Survey Wave 7（2017–2020））の調査票における問のことであり，日本の調査結果を中心にみていくことにする。

　問 46 は，全体的に幸せと思うかを尋ねた質問であり，選択肢は「非常に幸せである」，「やや幸せである」，「あまり幸せでない」，「幸せでない」である。日本と 51 か国・地域全体の回答の分布は，表 1 のとおりである。日本の結果によると，「非常に幸せである」または「やや幸せである」を選んだ肯定的な回答の比率は 9 割近く（88.3％）に達しており，絶対的な水準からみて，多くの日本人は幸せと感じている。国際比較における肯定的な回答の比率の日本の順位は，比率が大きい順に 51 か国・地域の中で 22 位であり，国際的に中位よ

りやや上に位置する。調査対象の欧米先進国との比較では，日本はアメリカ
（23位）やドイツ（21位）とほぼ同じ水準にある。

表1　問46（幸福度）の回答の分布

| | サンプルサイズ | 非常に幸せである | やや幸せである | あまり幸せでない | 幸せでない | わからない | 無回答 |
|---|---|---|---|---|---|---|---|
| 日本 | 1,353 | 29.9% | 58.4% | 8.9% | 0.7% | 1.9% | 0.2% |
| 51か国・地域の全体 | 76,897 | 30.8% | 54.2% | 12.1% | 2.3% | 0.3% | 0.3% |

出所：「World Values Survey Wave 7 (2017-2020) Results in % by country weighted by w_weight
Study # WVS-2017 v2.0」より，筆者が作成。

　問49は，全体的な生活満足度を尋ねた質問であり，回答は「完全に不満で
ある」を1，「完全に満足である」を10とする10段階の整数から1つを選択
である。数値が上昇するほど，満足度が上昇することを示している。日本と
51か国・地域全体の回答の分布は，表2のとおりである。日本の回答の平均
値は6.76であり，51か国・地域の平均値の7.05を下回っている。アメリカ
（7.27）やドイツ（7.74）は7を超えている。日本の平均値の順位は大きい順
に51か国・地域の中で34位であり，国際的に中位よりやや下に位置する。日
本の生活満足度は国際的には中位よりやや下であるが，10段階で7もしくは8
と評価した回答者の合計が全回答者のほぼ半数近くになるので，絶対的な水準
でみれば，そこそこの満足度であるといえるであろう。

表2　問49（生活満足度）の回答の分布

| | サンプルサイズ | 1 | 2 | 3 | 4 | 5 | 6 | 7 | 8 | 9 | 10 | わからない | 無回答 |
|---|---|---|---|---|---|---|---|---|---|---|---|---|---|
| 日本 | 1,353 | 1.1% | 1.7% | 4.4% | 5.6% | 11.1% | 11.6% | 22.5% | 25.6% | 9.7% | 5% | 0.6% | 1.1% |
| 51か国・地域の全体 | 76,897 | 2.8% | 1.4% | 3.3% | 4.8% | 12.1% | 11.3% | 16.8% | 19.8% | 10.1% | 17.2% | 0.2% | 0.2% |

出所：「World Values Survey Wave 7 (2017-2020) Results in % by country weighted by w_weight
Study # WVS-2017 v2.0」より，筆者が作成。

　問48は，人生における自由度を尋ねた質問であり，回答は「自分の人生に
起こることに対して，自分は何の影響も与えられないと感じている」を1，「自
分は自分の人生をコントロールしており，自分には完全に選択の自由があると

感じている」を 10 とする 10 段階の整数から 1 つを選択である。数値が上昇するほど，人生における自由度が高いと感じていることを意味している。日本と 51 か国・地域全体の回答の分布は，表 3 のとおりである。日本の回答をみると，7 と 5 がそれぞれ 2 割程度の比率であり，平均値は 6.05 である。日本の回答の平均値は絶対的な基準に照らして，真ん中（5.5）より若干上の水準にある。他方で，51 か国・地域の平均値は 7.18 であり，日本のそれを上回っている。国際比較では，日本の平均値の順位は大きい順に 49 位であり，最下位に近い順位である。アメリカの平均値は 7.74 であり，国際的にも上位（7 位）に位置する。ドイツやカナダも平均値は 7 を超えている。

表 3　問 48（人生の自由度）の回答の分布

| | サンプルサイズ | 1 | 2 | 3 | 4 | 5 | 6 | 7 | 8 | 9 | 10 | わからない | 無回答 |
|---|---|---|---|---|---|---|---|---|---|---|---|---|---|
| 日本 | 1,353 | 1.6% | 2.1% | 6.9% | 8.1% | 19.4% | 14% | 20.7% | 17.6% | 2.7% | 3.4% | 2.4% | 1.1% |
| 51 か国・地域の全体 | 76,897 | 2.5% | 1.5% | 2.9% | 4.1% | 12.9% | 10.7% | 15.6% | 19% | 8.9% | 21.2% | 0.6% | 0.2% |

出所：「World Values Survey Wave 7 (2017-2020) Results in % by country weighted by w_weight Study # WVS-2017 v2.0」より，筆者が作成。

　以上の 3 つの問の結果から，日本人において，人生の自由度は高いとはいえないものの，幸福度は比較的に高く，生活満足度はそこそこ高いと感じている[1]。その理由として，Benedict（1946）が指摘しているように，日本人は他人に配慮し，世間体を気にするので，それが人生の不自由さや生き辛さの原因になるものの，その対価として，他人や世間からの攻撃や非難を受けず，良好な人間関係の下で，安定した生活や安心感が得られるので，それが比較的に高い幸福度や中程度の生活満足度をもたらしていると考えられる。

## 3．リスク回避

　リスク回避に関する質問は，2017 年から 2020 年の調査にはなく，2010 年の調査の問 23 がこれに該当するので，ここでは，この分析結果を使用する。2010 年の問 23 は，池田（2016）の第 2 章において，山﨑聖子が分析した。問

23 は，11 項目について，それぞれが人生においてどの程度，大切なことかを尋ねた質問であり，回答は 6 つの選択肢から 1 つを選択である。山﨑聖子は回答の選択肢のうちの「わからない」を除き，「全く当てはまらない」に 0，「当てはまらない」に 1，「少し当てはまる」に 2，「まあ当てはまる」に 3，「当てはまる」に 4，「非常に当てはまる」に 5 を割り当て，平均値を算出した。

　11 項目中で，日本人の評価の大きい項目（平均値が 3 点台の半ば）は，「安全な環境に住む，危険なことをすべて避ける」，「周囲の人を助けて，幸せにする」，「環境に気遣う，資源を守る，自然へ配慮する」であり，低い項目（平均点が 2 点台のはじめ）は「裕福で，お金と高価な品物をたくさん持つ」，「冒険し，リスクを冒し，刺激のある生活」である。

　上記の回答から，日本人の特性として，リスク回避の傾向を読み取れる。日本人にとって安全や安心が重要であり，金持ちになったり，刺激のある生活を送ることは，さほど重要ではない。日本人は生活の糧を得なければならない仕事の場面でも，リスクの少ない，安定した環境を好む。日本では，雇用における非正規雇用の比率が上昇しているものの，依然として正規雇用が主流であり，2019 年において中高年の男性の 9 割以上が正規雇用である。日本人は，長期雇用の下で企業内での良好な人間関係の維持に注力し，企業のために献身的に働くことで，その見返りとして，企業から精神的にも物質的にも安心，安定，安全を得ていると考えられる。

　リスクを冒す対価として，失敗する可能性もある反面，裕福な暮らしを得られる可能性も生じるが，ロシアや中国などの諸外国と比べて，日本人は裕福な暮らしをさほど重視しない。日本人が裕福な暮らしをさほど重視しない理由として，Nitobe（1899）が指摘しているように，現在では武士は存在しないものの，武士道の精神は現在の日本人の心の根底に残存し，それが影響している可能性がある。武士道では，死を前にして心の落ち着きを求めるものであり，そのためには，精神の鍛錬が必要であるが，精神を鍛錬するためには，私利私欲を捨て，質素，倹約をよしとするので，そのような考え方が日本人の根底に流れているからかもしれない。このような考え方は，日本人のリスク回避や安定志向と整合的である。これ以外の理由としては，裕福な暮らしは，他の人の嫉妬を買い，人間関係に悪影響を及ぼす可能性があるので，これを考慮したため

かもしれない。少なくとも日本では，金持ちがそれをひけらかしたり，自慢したりする行為は，社会からよい印象をもたれないだろう。

　また，日本では，「周囲の人を助けて，幸せにする」ことは大切だと考えられているが，そのようなことを日本人の多くが行えば，回りまわって，自分も助けてもらえるので，安全や安心に寄与するからだと解釈できる。これも日本人の安全志向や安心志向と整合的である。

## 4．誇り

　問254は，自国民としてどのくらい誇りを感じるかを尋ねた質問であり，回答は「非常に感じる」，「かなり感じる」，「感じない」，「全く感じない」，「私は住んでいる国の国民ではない」から1つを選択である。日本と51か国・地域全体の回答の分布は，表4のとおりである。

表4　問254（自国民として誇り）の回答の分布

| | サンプルサイズ | 非常に感じる | かなり感じる | 感じない | 全く感じない | 私は住んでいる国の国民ではない | わからない | 無回答 |
|---|---|---|---|---|---|---|---|---|
| 日本 | 1,353 | 32.7% | 44.9% | 16.5% | 0.7% | 0% | 3.5% | 1.7% |
| 51か国・地域の全体 | 76,897 | 57.8% | 29.3% | 7.9% | 2.2% | 1.7% | 0.4% | 0.7% |

出所：「World Values Survey Wave 7 (2017-2020) Results in % by country weighted by w_weight Study # WVS-2017 v2.0」より，筆者が作成。

　日本の回答で，「非常に感じる」もしくは「かなり感じる」を選んだ肯定的な回答の比率は77.6%であり，回答者の多数を占めている。ただし，51か国・地域の全体では，肯定的な回答の比率が9割弱（87.1%）に達するので，国際比較における日本の肯定的な回答の順位は比率が大きい順に44位であり，下位に位置する。

　日本人の誇りに関しては，2010年の調査では，日本のみを対象にした追加の質問（問76）を行っており，その結果については，池田（2016）の第5章において，山﨑聖子が分析しているので，その結果について言及しておこう。

　2010年の調査の問76において，回答は「そう思う」，「どちらといえばそう

思う」,「どちらともいえない」,「どちらかといえばそう思わない」,「そう思
わない」から1つを選択である。ここでは, 問76の中で興味深い結果が得ら
れた項目を取り上げてみると,「他のどんな国民であるより, 日本国民でいた
い」という項目については,「そう思う」が49.8%,「どちらといえばそう思
う」が32.1%であり, 8割を超える回答者が日本人であることに肯定的であ
る。「今の日本について恥ずかしいと思うことがいくつかある」という項目に
ついては,「どちらといえばそう思う」が44.9%,「そう思う」が20.2%であ
り, 6割を超える回答者が日本を恥ずかしいと思うことがあると感じている。
「他の国の人たちが日本人のようになれば, 世界はもっとよくなるだろう」と
いう項目については,「どちらともいえない」(42.5%)が最も多く, 否定より
肯定の意見がやや多いものの,「わからない」も約1割存在し, 日本人が世界
の模範になりうるかについては回答者の意見が分かれている。「一般的に言っ
て, 他の国々より日本はよい国だ」については,「どちらといえばそう思う」
が47.7%,「そう思う」が25.6%であり, 回答者の73.3%が日本は他国よりよ
いと考えている。「たとえ自分の国が間違っている場合でも, 国民は自分の国
を支持すべきだ」という項目については,「どちらともいえない」が30.4%で
最も多く, 次いで「そう思わない」が24.5%であり, 肯定より否定の意見が多
くなっている。

　国際比較の調査 (問254) において, 日本では日本人であることを誇りに感
じる人の比率が多数 (8割弱) を占めるので, 絶対的な水準からみて, 概ね肯
定的であるといえる。ただし, 他の国・地域の人は, 日本人が感じている以上
に自国に誇りを感じているため, 国際比較からは, 日本は自国に誇りを感じて
いる人が多い国であるとはみなせない。

　他方で, 日本独自の調査 (問76) からは, 8割を超える回答者が, 他国の国
民より日本の国民でいたいと答えており, 7割を超える回答者が他の国より日
本はよい国であると答えている。それゆえ, 日本人の多数は他国と比べて日本
はよい国であり, 日本国民のままでいたいと考えている。このような結果が得
られた理由としては, 国際比較から日本人は日本人としての確固たる誇りを
つまでには至らないものの, 日本での生活において, 不自由さや閉塞感を感じ
ながらも, 家族や企業に守られ, 第三者から危害を加えられるリスクも少ない

ため，安心感をもって平穏で安定した生活を送れるので，そのよさを感じているからだと考えられる。

## 5．性別役割分業

　ここでは，男女役割分業についての考えを知ることのできる質問を取り上げる。問33は，「仕事が少ない場合，男性の方が女性より先に仕事につけるようにすべきだ」という考えに関する質問であり，回答は「強く賛成する」，「賛成する」，「どちらでもない」，「反対する」，「強く反対する」から1つを選択である。性別役割分業とは，「仕事は男性，家庭は女性」というように性別によって，役割を分ける考え方であり，この考え方に肯定的な社会では，女性が社会で活躍する機会が失われるので，ジェンダー平等の観点から，この考え方に否定的な社会が望ましいとみなされる。問33の回答において，賛成の度合いが強いほど，性別役割分業の考え方に肯定的であると解釈できる。

　51か国・地域それぞれとそれら全体の回答の分布は，表5のとおりである。他の質問の回答においてもみられる傾向であるが，日本の回答で特徴的なことは，「どちらでもない」の比率が大きいことであり，4割強の比率を占めている。「強く賛成する」もしくは「賛成する」と答えた肯定的な回答の比率は25％であり，「反対する」もしくは「強く反対する」と答えた否定的な回答の比率は27.2％である。立場を保留の回答が多く，肯定的な回答と否定的な回答は拮抗しているが，否定的な回答が若干上回っている。

　まずはじめに，「強く賛成する」もしくは「賛成する」と答えた肯定的な回答の比率に注目してみると，日本の数値（25％）は，51か国・地域全体のそれ（40.1％）より小さく，日本の順位は比率の大きい順に37位である。中位よりやや下に位置するので，51か国・地域の中での国際比較では，仕事における男性優先の考えには肯定的でない部類の国に入る。上位に位置する国は，エジプト，パキスタン，ヨルダン，イラク，イランなどのようなイスラム圏に属する国である。調査対象の欧米先進国についてみると，肯定的な回答の比率は一桁台であり，順位はドイツが46位，カナダが48位，アメリカが49位である。これらの欧米先進国との比較においては，日本は仕事における男性優先

の考えには肯定的であるとみなされる。

　次に，「強く反対する」もしくは「反対する」と答えた否定的な回答の比率に注目してみると，日本の数値（27.2％）は，51 か国・地域全体のそれ（44.3％）より小さく，日本の順位はこの回答の比率が大きい順に 33 位である。中位よりやや下に位置するので，51 か国・地域の中での国際比較では，仕事における男性優先の考えには否定的でない部類の国に入る。調査対象の欧米先進国についてみると，否定的な回答の比率は 8 割前後であり，順位はカナダが 3 位，ドイツが 5 位，アメリカが 7 位である。これらの欧米先進国と比較においては，日本は仕事における男性優先の考えには否定的でないとみなされる。

　これまでの結果をまとめると，51 か国・地域を基準とすると，日本は仕事における男性優先の考えに対して，肯定的でも否定的でもない位置にあるとみなされ，アメリカなどの欧米先進国を基準とすると，日本は仕事における男性優先の考えに対して，否定的ではなく，肯定的であるとみなされる[2]。

表 5　問 33（仕事は女性より男性を優先すべき）の回答の分布

| | サンプルサイズ | 賛成である 強く | 賛成である | どちらでもない | 反対である | 反対である 強く | わからない | 無回答 |
|---|---|---|---|---|---|---|---|---|
| アンドラ | 1,004 | 1.2% | 1.3% | 11.5% | 30.8% | 55% | 0% | 0.3% |
| アルゼンチン | 1,003 | 0% | 13.6% | 17.4% | 67.4% | 0% | 1.6% | 0% |
| オーストラリア | 1,813 | 1.8% | 4.9% | 15% | 29.6% | 48.1% | 0% | 0.5% |
| バングラデシュ | 1,200 | 46.2% | 29.8% | 7.9% | 11.3% | 3.3% | 1.4% | 0% |
| ボリビア | 2,067 | 4.6% | 25.8% | 13.3% | 49.1% | 6.6% | 0.6% | 0% |
| ブラジル | 1,762 | 0% | 18.6% | 11.2% | 68.8% | 0% | 1.2% | 0.2% |
| ミャンマー | 1,200 | 55.7% | 25.9% | 4.3% | 8.8% | 5.2% | 0% | 0% |
| カナダ | 4,018 | 1.9% | 3.9% | 11.7% | 26.4% | 56.2% | 0% | 0% |
| チリ | 1,000 | 10.7% | 23.5% | 22.2% | 30.3% | 12.2% | 0.9% | 0.1% |
| 中国 | 3,036 | 10.8% | 34.8% | 6.9% | 41.5% | 6.2% | 0% | 0% |
| 台湾 | 1,223 | 7% | 33.5% | 14% | 32.4% | 13.1% | 0.1% | 0% |
| コロンビア | 1,520 | 3.4% | 15.5% | 7.1% | 59.2% | 14.8% | 0% | 0% |
| キプロス | 1,000 | 13.3% | 26.8% | 20.5% | 25.4% | 12.7% | 0.6% | 0.8% |
| エクアドル | 1,200 | 11.8% | 18.7% | 15.9% | 42.7% | 10.4% | 0.5% | 0% |
| エチオピア | 1,230 | 24.1% | 24.2% | 2% | 28.4% | 21.1% | 0% | 0.1% |
| ドイツ | 1,528 | 1.9% | 7.3% | 12.4% | 36.6% | 41.4% | 0.3% | 0.1% |
| ギリシャ | 1,200 | 13.3% | 24.4% | 18.9% | 28.8% | 14% | 0.5% | 0.1% |
| グアテマラ | 1,203 | 9.3% | 13% | 17.4% | 37.8% | 22.5% | 0% | 0% |
| 香港特別行政区 | 2,075 | 6% | 25.5% | 21.4% | 39% | 8% | 0.1% | 0% |
| インドネシア | 3,200 | 26.8% | 48.7% | 4.9% | 17.7% | 1.5% | 0.3% | 0% |

| | | | | | | | | |
|---|---|---|---|---|---|---|---|---|
| イラン | 1,499 | 40.1% | 29.5% | 9.9% | 16.7% | 3.5% | 0.2% | 0.1% |
| イラク | 1,200 | 60.8% | 17.3% | 8.8% | 8.3% | 4.3% | 0.4% | 0.1% |
| 日本 | 1,353 | 6.2% | 18.8% | 44.4% | 22.5% | 4.7% | 3% | 0.3% |
| カザフスタン | 1,276 | 25.4% | 23.2% | 27% | 18.4% | 4.6% | 1.2% | 0.2% |
| ヨルダン | 1,203 | 58.9% | 22.5% | 6.2% | 9.3% | 2.9% | 0.1% | 0% |
| 韓国 | 1,245 | 7.1% | 45.9% | 27.3% | 16.6% | 3.1% | 0% | 0% |
| キルギスタン | 1,200 | 45.1% | 25.6% | 8.5% | 13.1% | 7% | 0.7% | 0% |
| レバノン | 1,200 | 29.4% | 32.2% | 15% | 14.3% | 9% | 0% | 0% |
| マカオ特別行政区 | 1,023 | 4.3% | 20.9% | 29.5% | 36.3% | 8.8% | 0% | 0.2% |
| マレーシア | 1,313 | 19.7% | 28.1% | 25.3% | 16.3% | 10.6% | 0% | 0% |
| メキシコ | 1,739 | 7.8% | 17.2% | 22.4% | 39% | 13.3% | 0.3% | 0% |
| ニュージーランド | 1,057 | 1.4% | 3.7% | 11.4% | 28.6% | 50.9% | 0.5% | 3.5% |
| ニカラグア | 1,200 | 4.4% | 21.8% | 10.8% | 58.2% | 4.8% | 0% | 0% |
| ナイジェリア | 1,237 | 0% | 64.6% | 10.6% | 23.9% | 0% | 0.9% | 0.1% |
| パキスタン | 1,995 | 67.1% | 18.2% | 7.5% | 4.3% | 2.8% | 0.1% | 0.1% |
| ペルー | 1,400 | 4.1% | 20.2% | 15.6% | 48% | 11.4% | 0.8% | 0% |
| フィリピン | 1,200 | 25.4% | 43.7% | 13.3% | 15.8% | 1.8% | 0% | 0% |
| プエルトリコ | 1,127 | 4.8% | 5.7% | 5.8% | 27.3% | 56.3% | 0% | 0.1% |
| ルーマニア | 1,257 | 18.3% | 21.1% | 18.9% | 27.1% | 13.5% | 1% | 0.1% |
| ロシア | 1,810 | 16.4% | 24% | 24.3% | 25.9% | 8.5% | 0.9% | 0% |
| セルビア | 1,046 | 5.6% | 13.3% | 19.8% | 30.4% | 28.5% | 0.7% | 1.7% |
| シンガポール | 2,012 | 4.7% | 23.4% | 19.5% | 37.9% | 14.4% | 0% | 0.1% |
| ベトナム | 1,200 | 6.8% | 45.2% | 14.3% | 29.9% | 3.8% | 0% | 0% |
| ジンバブエ | 1,215 | 22.1% | 22.4% | 7.7% | 33.4% | 14% | 0.1% | 0.2% |
| タジキスタン | 1,200 | 35.2% | 27.9% | 12.9% | 14% .7 | 9.3% | 0% | 0% |
| タイ | 1,500 | 12% | 18.3% | 24% | 31.2% | 11.6% | 1.1% | 1.9% |
| チュニジア | 1,208 | 41.1% | 23.6% | 19.3% | 12.1% | 4% | 0% | 0% |
| トルコ | 2,415 | 17.5% | 33.7% | 21.4% | 17.4% | 8.1% | 1.7% | 0% |
| ウクライナ | 1,289 | 9.7% | 19.3% | 22.2% | 32.4% | 10.6% | 5.5% | 0.3% |
| エジプト | 1,200 | 67.4% | 22% | 4.7% | 4.6% | 1.2% | 0.2% | 0% |
| アメリカ | 2,596 | 0% | 5.2% | 17.1% | 77.5% | 0% | 0% | 0.2% |
| 51 か国・地域の全体 | 76,897 | 17.0% | 23.1% | 14.9% | 30.5% | 13.8% | 0.5% | 0.2% |

出所：「World Values Survey Wave 7 (2017-2020) Results in % by country weighted by w_weight Study # WVS-2017 v2.0」

## 6．宗教

　ここでは，宗教を取り上げる。問289は，もっている宗教を尋ねた質問である。回答者は，該当する宗教を選択する。日本と51か国・地域全体の回答の分布は，表6のとおりである。日本における回答の大きな特徴は，「宗教をもっていない」と答えた回答の比率（63％）が多いことである。国際比較では6番目に多い。次に多いのは，「仏教」と答えた回答であり，28.4％である。

　「宗教をもっていない」の比率が7割を超えている国・地域は，中国，ベト

ナム，香港であり，「キリスト教（ローマ・カトリック）」の比率が7割を超えている国・地域は，フィリピン，ペルー，メキシコである。「キリスト教（正教会）」の比率が7割を超えている国・地域は，ギリシャ，ルーマニア，セルビア，キプロスである。「イスラム教」の比率が9割を超えている国・地域は，イラク，ヨルダン，パキスタン，チュニジア，エジプト，イラン，タジキスタン，バングラデシュであり，それが8割台後半の国・地域は，インドネシアとキルギスタンである。「仏教」の比率が8割を超えている国・地域は，タイとミャンマーである。

表6　問289（もっている宗教）の回答の分布

| | サンプルサイズ | 宗教をもっていない | キリスト教（ローマ・カトリック） | キリスト教（プロテスタント） | キリスト教（正教会） | ユダヤ教 | イスラム教 | ヒンズー教 | 仏教 | キリスト教（その他） | その他 | わからない | 無回答 |
|---|---|---|---|---|---|---|---|---|---|---|---|---|---|
| 日本 | 1,353 | 63% | 0.4% | 0.1% | 0.6% | 0% | 0% | 0% | 28.4% | 0% | 2.8% | 2.7% | 1.8% |
| 51か国・地域の全体 | 76,897 | 22.8% | 18.8% | 6.7% | 8.9% | 0.3% | 27.8% | 0.7% | 6.4% | 3.4% | 2.7% | 0.4% | 1.0% |

出所：「World Values Survey Wave 7（2017-2020）Results in % by country weighted by w_weight Study # WVS-2017 v2.0」より，筆者が作成。

表7　問173（信心深いか）の回答の分布

| | サンプルサイズ | 信心深い | 信心深くない | 無神論者である | わからない | 無回答 |
|---|---|---|---|---|---|---|
| 日本 | 1,353 | 14.3% | 55.7% | 19.1% | 10.6% | 0.3% |
| 51か国・地域の全体 | 76,897 | 61.4% | 27.1% | 9.0% | 1.5% | 0.9% |

出所：「World Values Survey Wave 7（2017-2020）Results in % by country weighted by w_weight Study # WVS-2017 v2.0」より，筆者が作成。

　問173は，信心深いかどうかを尋ねた質問である。回答も選択肢は「信心深い」，「信心深くない」，「無神論者である」から1つを選択である。日本と51か国・地域全体の回答の分布は，表7のとおりである。日本における回答の大きな特徴は，「信心深い」と答えた回答の比率（14.3%）が国際比較では最も低い数値であり，最下位（51位）である。日本では，「信心深くない」の回答の比率が55.7%で最も大きく，「無神論者」のそれがほぼ2割，「わからない」のそれがほぼ1割である。

表8　問6（人生における宗教の重度度）の回答の分布

| | サンプルサイズ | 重要である 非常に | 重要である やや | 重要でない あまり | 重要でない 全く | わからない | 無回答 |
|---|---|---|---|---|---|---|---|
| 日本 | 1,353 | 4.6% | 9.9% | 33.6% | 42.1% | 8.4% | 1.4% |
| 51か国・地域の全体 | 76,897 | 47.5% | 21.7% | 18.0% | 12.0% | 0.4% | 0.4% |

出所：「World Values Survey Wave 7 (2017-2020) Results in % by country weighted by w_weight Study # WVS-2017 v2.0」より，筆者が作成。

　問8は，人生において宗教が重要かを尋ねた質問であり，回答は4段階の重要度から1つを選択である。日本と51か国・地域全体の回答の分布は，表8のとおりである。日本の回答で最も大きな比率は「全く重要でない」の42.1%であり，次に大きな比率は「あまり重要でない」の33.6%である。これら2つの比率を合計した否定的な回答の比率は，全体のほぼ4分の3を占める。「非常に重要である」の回答（4.6%）と「やや重要である」の回答（9.9%）を合計した肯定的な回答の比率は14.5%である。国際比較による順位では，日本における肯定的な回答の順位は比率が大きい順に50位であり，否定的な回答の順位は比率が大きい順に2位である。したがって，絶対的な水準からみても，国際比較の観点からみても，日本人の多くは人生において宗教を重要であるとみなしていないといえる。

　以上の結果から，日本では，多くの人が人生において宗教を重要と感じておらず，仏教徒であると答えている人は一定数いるものの，信心深くない人が多数を占める。

　日本は，台風，地震，津波，噴火などの自然災害が多発する地域であるが，古代の日本人はこれらの自然の力の前では人間は無力であり，自然に対して畏敬の念を抱き，森羅万象に神が宿ると考えた。現代では，自然現象は科学的に解明されており，自然に対する理解の仕方が昔とは異なっていると考えられる。

　外国では，通常の場合に，宗教は人々が生きていくうえでの心の支えになったり，生活における規律を与えたりするものであり，人々は神を信じ，積極的に礼拝に参加する。日本人が宗教に接する場面は，先祖を供養するために，葬義や法要において僧侶に読経を依頼するときや，試験の合格，恋愛の成就，安

産，安全などを祈願するために，神社や寺院にお参りに行くときなどである。日本人は，葬儀や法要で派遣を依頼する宗派やさまざまな祈願を行う神社や寺院が主催している宗教行事や宗教活動などに通常の場合に参加しない。

　日本において葬儀や法要で宗教的要素を除外すると，先祖に対してはこれでよかったのか，世間からは変な目で見られないかという不安にかられることになるだろう。また，神頼みについては，願いが叶う可能性があるのであれば，どのような神でも仏でもよく，宗派を問わないケースが多いと考えられる。

　中根（1967）が指摘しているように，日本人は，人間関係が直接実感できる範囲を生活圏としており，そこは自分にとっての全世界となっている。日本人は，この範囲を超えた世界に対して強い関心や想像力を働かせることはあまりしない。大野・森本・鈴木（2001）が指摘しているように，日本人は実感できることに価値を置いており，感覚や感性に優れているが，実感しにくいことや抽象的なことを考えることは苦手である。人生の意味を考えるといったことは，考える機会もあまりないと思われる。そして，日本の社会で暮らしていくには，日本独自ともいえる社会規範が存在し，それが社会の規律を与えている。日本の社会規範，とりわけ人間関係のあり方を示す社会規範は，宗教とは意味合いは異なるものの，社会に規律を与えるという意味では，宗教のもつ機能の一部を代替していると考えられる。

　山本（2015）と寺西（2018）は，仏教が日本人の社会規範に影響を与えたと論じたが，外国では，宗教が直接，人々の行動を規定している一方で，日本では，仏教が社会規範に影響を与え，社会規範が人々の行動を規定しているので，宗教が間接的に人々の行動を規定しているといえるだろう。

## 7．労働

　問5は，人生において仕事が重要かを尋ねた質問であり，回答は4段階の重要度から1つを選択である。日本と51か国・地域全体の回答の分布は，表9のとおりである。日本の回答において，「非常に重要である」と「やや重要である」の比率がそれぞれ4割前後であり，この2つを合計した肯定的な回答の比率は80.1%である。したがって，絶対的な水準からみて，日本では多くの人

が仕事は人生において重要であると認識している。ただし，国際比較では，肯定的な比率の順位は比率が大きい順に 43 位であり，下位の部類に入る。調査に参加している多くの国が日本より仕事を重要であると考えている理由としては，参加国の多くは先進国ではないため，日々の生活の糧を得るうえで，仕事の重要性は高いと認識しているからだと考えられる。なお，アメリカ（46 位）などの先進国における肯定的な回答の比率は，日本とほぼ同じ水準である。

表 9　問 5（人生における仕事が重要か）の回答の分布

| | サンプルサイズ | 非常に重要である | やや重要である | あまり重要でない | 全く重要でない | わからない | 無回答 |
|---|---|---|---|---|---|---|---|
| 日本 | 1,353 | 38.3% | 41.8% | 12.6% | 3.8% | 2% | 1.6% |
| 51 か国・地域の全体 | 76,897 | 58.5% | 29.9% | 7.1% | 3.6% | 0.4% | 0.5% |

出所：「World Values Survey Wave 7（2017–2020）Results in % by country weighted by w_weight Study # WVS–2017 v2.0」より，筆者が作成。

表 10　問 43（近い将来に働くことがあまり重要でなくなる）の回答の分布

| | サンプルサイズ | よいことである | 気にしない | 悪いことである | わからない | 無回答 |
|---|---|---|---|---|---|---|
| 日本 | 1,353 | 10.4% | 32.2% | 56.6% | 0% | 0.7% |
| 51 か国・地域の全体 | 76,897 | 29.9% | 20.7% | 47.5% | 1.4% | 0.5% |

出所：「World Values Survey Wave 7（2017–2020）Results in % by country weighted by w_weight Study # WVS–2017 v2.0」より，筆者が作成。

　問 43 は，近い将来の変化として「働くことがあまり重要でなくなる」ことについての意見を尋ねるものであり，回答は「よいことである」，「悪いことである」，「気にしない」から 1 つを選択である。日本と 51 か国・地域全体の回答の分布は，表 10 のとおりである。日本では「よいことである」の回答の比率が 10.4% である。この回答の比率の国際比較における順位は大きい順に 49 位であり，下位に位置する。アメリカなどの欧米先進国は，この比率が 3 割から 4 割程度であり，順位も国際比較で上位に位置している。したがって，絶対的な水準においても，国際比較においても，日本では働くことがあまり重要でなくなるということについて，肯定的に考える人は少ないといえるだろう。

　「悪いことである」の回答の比率をみると，日本は 56.6% である。この回答

の比率の国際比較における順位は大きい順に 21 位であり，やや上位の部類に位置する。アメリカなどの欧米先進国は，この比率が 2 割から 4 割程度であり，順位も国際比較で下位に位置している。したがって，絶対的な水準においても，国際比較においても，日本では働くことがあまり重要でなくなるということについて，否定的に考える人は多いといえるだろう。

　以上のことから，日本では，近い将来においても働くことに重要性を置いている人が多いといえる[3]。労働によって生活の糧を得るということは，世界各国で共通するが，日本ではそれだけではない可能性がある。日本では，労働自体に価値を見出し，労働を自分を成長させる手段のようにみなす考え方や労働を通じて社会とつながり，社会に受け入れてもらえ，社会の役に立っていることを実感している人も少なからずいると思われる[4]。

## 8．技術の発展

　問 44 は，近い将来の変化として「技術の発展がより重視される」ことをどう思うかを尋ねた質問である。回答は「よいことである」，「気にしない」，「悪いことである」から 1 つを選択である。

　日本と 51 か国・地域全体の回答の分布は，表 11 のとおりである。日本における回答において，「よいことである」が 68.4％であり，絶対的な水準からみて，日本では，技術の発展がより重視されることはよいことであると考えている回答者が多数である。「よいことである」の回答の比率における順位は，51 か国・地域の中で大きい順に 27 位であり，国際的にはほぼ中位に位置する。

　日本における回答において，「悪いことである」は 4.4％であり，日本では，技術の発展がより重視されることは悪いことであると考えている人の比率は低い。この回答の順位は，51 か国・地域の中で比率が大きい順に 40 位であり，国際比較で下位に位置する。技術の発展がより重視されることは悪いことであると考えている人の比率は，アメリカ（6.2％）やドイツ（10.8％）と比べても，日本のほうが小さくなっている。

　日本は，第二次世界大戦後，民間企業が新しい技術を導入したことで，生産性が上昇し，高度経済成長を達成できたという成功体験があり，さらには，日

表11　問44（近い将来に技術の発展がより重視される）の回答の分布

| | サンプルサイズ | よいことである | 気にしない | 悪いことである | わからない | 無回答 |
|---|---|---|---|---|---|---|
| 日本 | 1,353 | 68.4% | 26.9% | 4.4% | 0% | 0.3% |
| 51か国・地域の全体 | 76,897 | 68.8% | 20.3% | 9.0% | 1.4% | 0.5% |

出所：「World Values Survey Wave 7 (2017-2020) Results in % by country weighted by w_weight Study # WVS-2017 v2.0」より，筆者が作成。

本の国民がパーソナルコンピューター，携帯電話，家電製品など実際に使用してみて，技術の発展に基づく利便性の向上を実体験してきたことなどが，技術の発展に対する肯定的な評価に結びついたと考えられる。

　日本人は，中根（1967）が指摘しているように，所属する家族，学校，企業など，実感できる範囲の生活圏を重視し，その中での人間関係の維持に注力しており，それゆえ，周りの空気を読むという感覚が発達している。また，大野・森本・鈴木（2001）が指摘しているように，日本人は，四季があり，台風や地震などの自然環境の変化の大きい環境で育っており，自然に対する感性が磨かれている。それゆえ，日本人は，論理性や合理性よりも感覚や感性が発達しており，抽象的なものや実感できないものより，具体的なものや実感できるものを重視する特性がある。このような日本人の特性が利便性の高い商品の利用を通じて，そのよさを実体験できる技術の発展に対する肯定的な評価に結びついた可能性があるだろう。

## 9．権力

　ここでは，権威や権力（authority）に関する質問，すなわち問45を取り上げる。問45は，近い将来の変化として「権威や権力がより尊重される」ことについての意見を尋ねるものであり，回答は「よいことである」，「悪いことである」，「気にしない」から1つを選択である。51か国・地域それぞれとそれら全体の回答の分布は，表12のとおりである。回答の結果は，日本の特徴を際立たせている。

　日本では「よいことである」の回答の比率が1.8%である。この数字は大き

い順に国際比較で最下位（51位）であり，突出して小さい。調査対象の欧米
先進国との比較では，アメリカとドイツが50%台の後半であり，日本よりか
なり大きい。「悪いことである」の比率は，日本が80.6%であり，この数字は
国際比較で最上位（1位）であり，突出して大きい。この数字は，アメリカ
（10.7%）やドイツ（25.9%）と比べてもかなり大きい。

　問45の結果から，権威や権力の尊重を嫌うということが日本人の際立った
特徴であるといえる[5]。

表12　問45（近い将来に権威や権力がより尊重される）の回答の分布

| | サンプルサイズ | よいことである | 気にしない | 悪いことである | わからない | 無回答 |
|---|---|---|---|---|---|---|
| アンドラ | 1,004 | 47% | 44.3% | 8.2% | 0% | 0.5% |
| アルゼンチン | 1,003 | 62.9% | 26.4% | 5.4% | 4.8% | 0.6% |
| オーストラリア | 1,813 | 54.7% | 33.3% | 10.1% | 0% | 1.9% |
| バングラデシュ | 1,200 | 71.5% | 20.4% | 1.7% | 3.8% | 2.6% |
| ボリビア | 2,067 | 88.8% | 7.6% | 2.7% | 0.7% | 0.1% |
| ブラジル | 1,762 | 70.5% | 19.3% | 6.1% | 3.2% | 0.9% |
| ミャンマー | 1,200 | 42.8% | 9.2% | 48% | 0% | 0% |
| カナダ | 4,018 | 44.4% | 42.8% | 12.8% | 0% | 0% |
| チリ | 1,000 | 58.5% | 27.7% | 10.3% | 3.2% | 0.3% |
| 中国 | 3,036 | 61.6% | 19.6% | 17.7% | 0.3% | 0.8% |
| 台湾 | 1,223 | 19% | 15.7% | 62% | 3.3% | 0% |
| コロンビア | 1,520 | 87.5% | 7.8% | 4.7% | 0% | 0% |
| キプロス | 1,000 | 42.5% | 31.6% | 17.4% | 6.7% | 1.8% |
| エクアドル | 1,200 | 89.3% | 7.9% | 2.1% | 0.4% | 0.2% |
| エチオピア | 1,230 | 58.7% | 21.5% | 18.1% | 1.5% | 0.1% |
| ドイツ | 1,528 | 57.5% | 12.9% | 25.9% | 2.7% | 1% |
| ギリシャ | 1,200 | 26.9% | 35.8% | 30.6% | 5.6% | 1% |
| グアテマラ | 1,203 | 65.4% | 28% | 6.6% | 0% | 0% |
| 香港特別行政区 | 2,075 | 24.6% | 41.6% | 32.1% | 1.4% | 0.2% |
| インドネシア | 3,200 | 41.7% | 26.2% | 31.3% | 0.9% | 0% |
| イラン | 1,499 | 44% | 34.4% | 20.8% | 0.5% | 0.3% |
| イラク | 1,200 | 74.6% | 20% | 2.2% | 2.8% | 0.3% |
| 日本 | 1,353 | 1.8% | 16.7% | 80.6% | 0% | 0.8% |
| カザフスタン | 1,276 | 48.7% | 12.9% | 29.1% | 7.6% | 1.8% |
| ヨルダン | 1,203 | 86.7% | 7.7% | 4.7% | 0.8% | 0% |
| 韓国 | 1,245 | 18.1% | 41% | 41% | 0% | 0% |
| キルギスタン | 1,200 | 63.1% | 24% | 10.1% | 1.7% | 1.1% |
| レバノン | 1,200 | 74.2% | 16.7% | 7.8% | 1% | 0.3% |
| マカオ特別行政区 | 1,023 | 25.8% | 44.9% | 28.6% | 0% | 0.7% |
| マレーシア | 1,313 | 52.9% | 33.9% | 13.3% | 0% | 0% |
| メキシコ | 1,739 | 60.5% | 30.8% | 8% | 0.8% | 0% |
| ニュージーランド | 1,057 | 46.3% | 39.2% | 9.4% | 0% | 5.2% |

| | | | | | |
|---|---|---|---|---|---|
| ニカラグア | 1,200 | 86.9% | 9.8% | 3.3% | 0% | 0% |
| ナイジェリア | 1,237 | 90.6% | 8.4% | 0.8% | 0.1% | 0.1% |
| パキスタン | 1,995 | 39.9% | 25.7% | 30.6% | 3.3% | 0.5% |
| ペルー | 1,400 | 68.8% | 23.9% | 5.4% | 1.5% | 0.4% |
| フィリピン | 1,200 | 84% | 10.6% | 5.4% | 0% | 0% |
| プエルトリコ | 1,127 | 87.9% | 5.9% | 5.2% | 0% | 0.9% |
| ルーマニア | 1,257 | 62.9% | 26% | 6.5% | 3.9% | 0.6% |
| ロシア | 1,810 | 51.3% | 29.1% | 11.1% | 7.9% | 0.5% |
| セルビア | 1,046 | 48.3% | 25.6% | 18.9% | 4% | 3.2% |
| シンガポール | 2,012 | 38.7% | 45.3% | 14.8% | 0% | 1.2% |
| ベトナム | 1,200 | 83.6% | 15.6% | 0.8% | 0% | 0% |
| ジンバブエ | 1,215 | 86.5% | 8.7% | 4.2% | 0.2% | 0.4% |
| タジキスタン | 1,200 | 72.8% | 18.4% | 8.8% | 0% | 0% |
| タイ | 1,500 | 19.6% | 24.1% | 47% | 3.8% | 5.4% |
| チュニジア | 1,208 | 60.1% | 30.1% | 7.5% | 1.2% | 1% |
| トルコ | 2,415 | 38.8% | 42.3% | 15.7% | 2.9% | 0.2% |
| ウクライナ | 1,289 | 25.9% | 43.2% | 12.2% | 17.8% | 0.9% |
| エジプト | 1,200 | 69.2% | 15.8% | 6.2% | 8.3% | 0.3% |
| アメリカ | 2,596 | 58.5% | 29.9% | 10.7% | 0.1% | 0.7% |
| 51か国・地域の全体 | 76,897 | 55.3% | 25.5% | 16.6% | 1.9% | 0.7% |

出所：「World Values Survey Wave 7（2017-2020）Results in ％ by country weighted by w_weight Study # WVS-2017 v2.0」

# 10. 市場経済と政府の責任

　ここでは，市場経済と政府の責任に関する質問を取り上げる。以下の質問では，2つの対立する意見において，どちらの意見に近いかを尋ねた質問であり，2つの意見のうちで，一方の意見を1，対立する他方の意見を10として，1つきざみの整数でどちらの意見に近いかを数値で選ばせるものである。

表13　問106（所得の平等を重視か，個人のインセンティブを重視か）の回答の分布

| | サンプルサイズ | 1 | 2 | 3 | 4 | 5 | 6 | 7 | 8 | 9 | 10 | わからない | 無回答 |
|---|---|---|---|---|---|---|---|---|---|---|---|---|---|
| 日本 | 1,353 | 5.8% | 2% | 9.2% | 8.9% | 26% | 14.8% | 15% | 7.8% | 2% | 2.8% | 4.6% | 1% |
| 51か国・地域の全体 | 76,897 | 11.5% | 4.2% | 5.6% | 5.6% | 12.4% | 8.7% | 10.8% | 12.7% | 6.7% | 20.4% | 0.8% | 0.4% |

出所：「World Values Survey Wave 7（2017-2020）Results in ％ by country weighted by w_weight Study # WVS-2017 v2.0」より，筆者が作成。

　問106は，「所得はより平等であるべきである」か，「個人の努力に対するイ

ンセンティブをより大きくすべきである」かを問う質問であり，回答の選択肢
は，前者に意見が近いほど1，後者に意見が近いほど10である。数値が小さ
いほど，所得の平等を重視，数値が大きいほど，個人のインセンティブを重視
と解釈される。

　日本と51か国・地域全体の回答の分布は，表13のとおりである。日本の回
答の平均値は5.36であり，絶対的な水準では，ほぼ中間の値である。国際比
較では，51の参加国・地域の平均値（6.23）より小さく，大きい順に43位で
ある。絶対的な水準からは，日本は所得の平等と個人のインセンティブのどち
らが重要かはほぼ拮抗しており，国際比較からは，所得の平等をやや重視とみ
なされる。

表14　問107（企業や産業の私的所有を増やすべきか，政府による所有を増やすべきか）
の回答の分布

| | サンプルサイズ | 1 | 2 | 3 | 4 | 5 | 6 | 7 | 8 | 9 | 10 | わからない | 無回答 |
|---|---|---|---|---|---|---|---|---|---|---|---|---|---|
| 日本 | 1,353 | 7.5% | 6.5% | 19.7% | 12.6% | 28.2% | 4.9% | 2% | 1.3% | 0.2% | 1% | 15.1% | 1.1% |
| 51か国・地域の全体 | 76,897 | 11.3% | 4.8% | 7.5% | 7.1% | 19.9% | 9.6% | 8.5% | 9.1% | 5.2% | 13.9% | 2.5% | 0.6% |

　出所：「World Values Survey Wave 7 (2017-2020) Results in % by country weighted by w_weight
　　　　Study # WVS-2017 v2.0」より，筆者が作成。

　問107は，「企業や産業の私的所有を増やすべき」か，「政府による所有を増
やすべき」かを問う質問であり，回答の選択肢は，前者に意見が近いほど1，
後者に意見が近いほど10である。数値が小さいほど，企業や産業の私的所有
を増やすべきであり，数値が大きいほど，政府による所有を増やすべきと解釈
される。

　日本と51か国・地域全体の回答の分布は，表14のとおりである。日本の回
答の平均値は4.01であり，国際比較では，51の参加国・地域の平均値（5.65）
より小さく，大きい順に50位である。日本の回答をみても，5より小さい値
に分布は偏っており，日本では，企業や産業の私的所有に賛成の意見が多いと
いえるだろう。なお，この意見を最も肯定している国がアメリカ（3.72）であ
り，国際比較で最下位（51位）である。

表 15　問 108（国民の生活を守るために政府がもっと責任を持つべきか，
個人が自分の生活にもっと責任を持つべきか）の回答の分布

| | サンプルサイズ | 1 | 2 | 3 | 4 | 5 | 6 | 7 | 8 | 9 | 10 | わからない | 無回答 |
|---|---|---|---|---|---|---|---|---|---|---|---|---|---|
| 日本 | 1,353 | 18.4% | 10% | 18.8% | 12.6% | 16.1% | 6.8% | 6.2% | 4.1% | 1.3% | 3% | 1.8% | 1% |
| 51 か国・地域の全体 | 76,897 | 20.1% | 6.8% | 8.2% | 7.5% | 15.7% | 8.2% | 8.1% | 8.4% | 4.4% | 11.6% | 0.6% | 0.4% |

出所：「World Values Survey Wave 7（2017-2020）Results in % by country weighted by w_weight
Study # WVS-2017 v2.0」より，筆者が作成。

問 108 は，「国民の生活を守るために政府がもっと責任を持つべき」か，「個人が自分の生活にもっと責任を持つべき」かを問う質問であり，回答の選択肢は，前者に意見が近いほど 1，後者に意見が近いほど 10 である。人々の生活において，数値が小さいほど，政府がもっと責任を果たすべきであり，数値が大きいほど，個人がもっと責任を果たすべきと解釈される。

日本と 51 か国・地域全体の回答の分布は，表 15 のとおりである。日本の回答の平均値は 3.95 であり，国際比較では，51 の参加国・地域の平均値（5）より小さく，大きい順に 44 位である。日本の回答をみても，5 より小さい値に分布は偏っており，日本では，人々の生活において，政府がもっと責任を果たすべきであると考えている人が多いといえる。このような傾向は，ドイツ（4.9），カナダ（5.48），アメリカ（5.68）のような欧米先進国と比べても当てはまる。

表 16　問 109（競争はよいことであるか，有害であるか）の回答の分布

| | サンプルサイズ | 1 | 2 | 3 | 4 | 5 | 6 | 7 | 8 | 9 | 10 | わからない | 無回答 |
|---|---|---|---|---|---|---|---|---|---|---|---|---|---|
| 日本 | 1,353 | 4.7% | 7.9% | 21% | 18.6% | 22.7% | 4.1% | 3.1% | 2.5% | 1.4% | 7.8% | 5.2% | 1% |
| 51 か国・地域の全体 | 76,897 | 25.9% | 9.8% | 11.6% | 9.6% | 16.4% | 6.6% | 5.1% | 4.5% | 2.5% | 6.6% | 1% | 0.4% |

出所：「World Values Survey Wave 7（2017-2020）Results in % by country weighted by w_weight
Study # WVS-2017 v2.0」より，筆者が作成。

問 109 は，「競争はよいことである」か，「競争は有害である」かを問う質問であり，回答の選択肢は，前者に意見が近いほど 1，後者に意見が近いほど 10

である。数値が小さいほど，競争はよいことであり，数値が大きいほど，競争
は有害であると解釈される。

　日本と51か国・地域全体の回答の分布は，表16のとおりである。日本の回
答の平均値は4.57であり，日本の回答をみても，5より小さい値に分布は偏っ
ており，絶対的な水準では，日本において肯定的な意見が多いといえる。ただ
し，国際比較では，51の参加国・地域の平均値（4.06）は日本のそれより小さ
く，日本の順位も大きい順に13位であり，国際比較による相対的な位置づけ
では，競争を肯定する国が多いので，日本が外国に比べて，競争を強く肯定す
る部類には入らないということになる。このことは，調査対象の欧米先進国，
すなわち，アメリカ（3.3），ドイツ（3.46），カナダ（4.15）と比較しても，当
てはまる。

　以上のことから，日本では，企業などの私的所有は望ましく，競争にも一定
の肯定的評価が与えられているものの，国民の生活においては，政府の果たす
べき責任は大きいと考えられていると結論できる。日本では，市場経済を基礎
としつつも，日本人が大きな価値を置く安心できる暮らしを得るためには，政
府が重要な役割を果たすことが求められているといえるだろう[6]。

## 11.　日本社会の現状と将来

　ここでは，日本の社会の現状と将来を尋ねた質問を取り上げる。この質問
は，2010年の調査において問33と問34として実施された日本独自の質問で
ある。質問の項目は4つであり，問33では，現在の日本の社会がどちらに近
いと思うかを5段階で，問34では，同じ項目について，これからの日本が将
来に向けてどのような社会を目指すべきと思うかを5段階で尋ねている。いず
れの回答の選択肢も「左に近い」，「やや左に近い」，「どちらともいえない」，
「やや右に近い」，「右に近い」から1つを選択である。

　池田（2016）の第3章において，これらの問33と問34の分析は前田幸男が
行っているが，ここでは，そこで示されている調査結果を基に議論を進めてみ
よう。

　第1の項目は，回答を選択する際の社会として，「左」が「働いた成果とあ

まり関係なく，貧富の差が少ない平等な社会」であり，「右」が「自由に競争
し，成果に応じて分配される社会」である。回答結果をみると，現在の状態に
ついては，「どちらともいえない」の回答比率（38.8％）が最も多く，「左に近
い」と「やや左に近い」の合計の回答比率は12.4％，「右に近い」と「やや右
に近い」の合計の回答比率は48.8％である。将来の目指すべき状態について
は，「どちらともいえない」の回答比率（34.4％）が減り，「左に近い」と「や
や左に近い」の合計の回答比率（18.3％）が増え，「右に近い」と「やや右に
近い」の合計の回答比率（47.3％）は若干減少した。

　この結果から，日本では，現状において，競争に基づく分配が基本であり，
将来もそれが望ましいという意見が多数である。ただし，どちらともいえない
という意見が3分の1以上を占めており，将来については，結果の平等を望ま
しいとする意見が少し増加している。

　第2の項目は，回答を選択する際の社会として，「左」が「税負担は大きい
が，福祉などの行政サービスが充実した社会」であり，「右」が「福祉などの
行政サービスを必要最小限に絞り，税負担の少ない社会」である。回答結果を
みると，現状については，「どちらともいえない」の回答比率（52.6％）が最
も多く，「左に近い」と「やや左に近い」の合計の回答比率は23.5％，「右に近
い」と「やや右に近い」の合計の回答比率は24％である。望ましい将来の状
態については，「どちらともいえない」の回答比率（31.9％）が大きく減り，
「左に近い」と「やや左に近い」の合計の回答比率（49.8％）が大きく増え，
「右に近い」と「やや右に近い」の合計の回答比率（18.2％）は減少した。

　この結果から，現状において，日本の福祉が高負担・高福祉か低負担・低福
祉かについては，どちらともいえないという意見が過半数であり，高負担・高
福祉と低負担・低福祉それぞれの意見もほぼ24％であり，拮抗している。将
来については，高負担・高福祉を望ましいとする意見がほぼ半数まで増加し，
低負担・低福祉が望ましいという意見（2割弱）を上回っている。

　第3の項目は，回答を選択する際の社会として，「左」が「行政機関による
多面的な規制を通じて，国民生活の安全や経済の安定を守る社会」であり，
「右」が「規制を可能な限り排除し，民間の自由な活動と自己責任に委ねる社
会」である。回答結果をみると，現状については，「どちらともいえない」の

回答比率（50.8％）が最も多く，「左に近い」と「やや左に近い」の合計の回答比率は34.3％，「右に近い」と「やや右に近い」の合計の回答比率は14.9％である。望ましい将来の状態については，「どちらともいえない」の回答比率（38.4％）が大きく減り，「左に近い」と「やや左に近い」の合計の回答比率（43.4％）がかなり増え，「右に近い」と「やや右に近い」の合計の回答比率（18.1％）もやや増加した。

　この結果から，現状の日本が政府の規制に基づく社会か自己責任に基づく社会かについては，どちらともいえないという意見が半数であるが，政府の規制に基づく社会であるという意見が，自己責任に基づく社会である意見を上回っている。将来については，政府の規制に基づく社会が望ましいという意見と自己責任に基づく社会が望ましいという意見の両方が増加したものの，前者の意見の増加が大きいため，前者の意見が多数派となっている。

　第4の項目は，回答を選択する際の社会として，「左」が「経済成長を重んじ，公共投資や公共事業を盛んに行う社会」であり，「右」が「財政規律を重んじ，国や地方自治体の借金を大きくしない社会」である。回答結果をみると，現状については，「どちらともいえない」の回答比率（51.3％）が最も多く，「左に近い」と「やや左に近い」の合計の回答比率は27.4％，「右に近い」と「やや右に近い」の合計の回答比率は21.3％である。望ましい将来の状態については，「どちらともいえない」の回答比率（39％）が大きく減り，「左に近い」と「やや左に近い」の合計の回答比率（13.9％）が大きく減り，「右に近い」と「やや右に近い」の合計の回答比率（47％）が大きく増加した。

　この結果から，現状の日本が経済成長を重視する社会か財政規律を重視する社会かについては，どちらともいえないという意見が半数であるが，経済成長を重視する社会であるという意見が財政規律を重視する社会をやや上回っている。将来については，財政規律を重視する社会のほうが望ましいという意見が増加し，5割弱に達している。これについては，日本はこれまでの経済成長で生活水準が上昇して，成熟社会に到達したので，さらなる経済成長を目指すよりも，将来の不安定要因になる財政赤字の拡大を懸念する国民が増加したためであると考えられる。

　問33と問34の調査結果から以下のことがいえるであろう。日本では，所属

する企業が経済面や精神面を含めて安心，安全，安定を与えてくれるので，現在でも将来においても，民間企業を中心とする自由な市場経済を基本とする。他方で，安心の源泉であった企業による長期雇用が揺らぎ，もう１つの安心の源泉であった家族内の支援機能も家族規模の縮小により低下しつつある。このような状況の下で，政府に求められる役割として，社会保障政策などを通じて，家庭や企業がこれまで果たしてきた安全，安心，安定の一部を提供することが期待されているのであろう。

なお，問 33 と問 34 の調査が行われた 2010 年は，リーマンショックの影響が残っているため，人々が将来は不透明で不確実性が大きいとの認識をもち，それが回答に影響している可能性がある。ただし，その後も翌年に東日本大震災が発生したり，2020 年以降には新型コロナの世界的な流行などもあり，社会を不安にさせる出来事が不定期に発生しているので，2010 年の調査結果は，現在でも妥当する可能性が高いと考えられる。

## 12. 要求や抗議のための集団行動

ここでは，要求や抗議のための集団行動をいくつか示して，それらへの参加経験や参加意思を尋ねた質問を取り上げる。その質問とは，問 209（請願書・陳情書への署名），問 210（不買運動（ボイコット）），問 211（平和的なデモ），問 212（ストライキ）の４つである。回答は，「参加したことがある」，「参加するかもしれない」，「決して参加することはないだろう」から１つを選択である。

表 17　問 209（請願書・陳情書への署名に対する参加経験および参加意思）の回答の分布

| | サンプルサイズ | 参加したことがある | 参加するかもしれない | 決して参加することはないだろう | わからない | 無回答 |
|---|---|---|---|---|---|---|
| 日本 | 1,353 | 50.8% | 25% | 13.7% | 9.7% | 0.8% |
| 51 か国・地域の全体 | 76,897 | 22.3% | 29.3% | 45.5% | 2.2% | 0.7% |

出所：「World Values Survey Wave 7 (2017-2020) Results in % by country weighted by w_weight Study # WVS-2017 v2.0」より，筆者が作成。

　「請願書・陳情書への署名」に対する参加経験および参加意思についての日本と 51 か国・地域全体の回答の分布は，表 17 のとおりである。「参加したことがある」の日本における回答の比率は 50.8％であり，国際比較での順位は比率が大きい順に 7 位である。日本の比率は国際比較ではかなり高い部類に属する。調査対象の欧米先進国は日本よりさらに大きく，ドイツとカナダの比率は 7 割前後，アメリカのそれはほぼ 6 割である。「決して参加することはないだろう」の日本の比率は 13.7％であり，国際比較の順位は 46 位である。日本では請願書・陳情書への署名に参加経験があるもしくは参加意思がある人の比率が 4 分の 3 に達しているので，署名を通じた集団行動は肯定的に受け止められているといえるだろう。

表 18　問 210（ボイコット（不買運動）への参加経験および参加意思）の回答の分布

| | サンプルサイズ | 参加したことがある | するかもしれない | 決して参加することはないだろう | わからない | 無回答 |
|---|---|---|---|---|---|---|
| 日本 | 1,353 | 1.8％ | 25.9％ | 50.3％ | 21.1％ | 0.8％ |
| 51 か国・地域の全体 | 76,897 | 7.3％ | 25.3％ | 63.3％ | 3.2％ | 0.9％ |

出所：「World Values Survey Wave 7 (2017-2020) Results in ％ by country weighted by w_weight Study # WVS-2017 v2.0」より，筆者が作成。

　「不買運動（ボイコット）」への参加経験および参加意思についての日本と 51 か国・地域全体の回答の分布は，表 18 のとおりである。「参加したことがある」の日本における回答の比率は 1.8％である。絶対的な水準で非常に低いが，国際比較でもあり，45 位で下位に位置する。他方で，この回答の比率を調査対象の欧米先進国でみてみると，ドイツが 1 割を，アメリカとカナダが 2 割を超えており，いずれの国も国際比較でも 1 桁の順位にあり，上位に位置している。

　「決して参加することはないだろう」の日本の比率は 50.3％であり，ほぼ半数を占めている。国際比較の順位は比率が大きい順に 42 位であり，国際的には，日本と比べて参加しない人の比率の高い国・地域が多く存在するので，日本の順位は低くなっているが，ドイツ，アメリカ，カナダのそれよりも高くなっている。なお，日本の回答において，「わからない」の比率（21.1％）が際立って高いことが特徴となっている。

「平和的なデモ」への参加経験および参加意思については,「不買運動（ボイコット）」への参加経験および参加意思の分析結果と類似の傾向がみられたので,詳細な報告は省略する。

表19　問212（ストライキへの参加経験および参加意思）の回答の分布

| | サンプルサイズ | 参加したことがある | 参加するかもしれない | 決して参加することはないだろう | わからない | 無回答 |
|---|---|---|---|---|---|---|
| 日本 | 1,353 | 4.1% | 21.9% | 50.7% | 22.4% | 1% |
| 51か国・地域の全体 | 76,897 | 7.3% | 26.5% | 62.9% | 2.5% | 0.9% |

出所：「World Values Survey Wave 7 (2017-2020) Results in % by country weighted by w_weight Study # WVS-2017 v2.0」より，筆者が作成。

「ストライキ」への参加経験および参加意思についての日本と51か国・地域全体の回答の分布は,表19のとおりである。「参加したことがある」の日本における回答の比率は4.1%である。絶対的な水準で非常に低いが,国際比較では比率が大きい順に28位であり,中位よりやや下に位置する。調査対象の欧米先進国との比較では,ほぼドイツ（4.5%）並みであり,アメリカ（8.5%）やカナダ（20.7%）より低くなっている。

　ストライキの参加に対して肯定的な意見の比率,すなわち,「参加したことがある」および「参加するかもしれない」の合計の比率をみてみると,日本は26%であり,国際比較の順位は比率が大きい順に31位であり,やや下位に位置する。調査対象の欧米先進国をみると,肯定的な意見の比率はカナダが64.1%,アメリカが57%であり,国際比較で比率が大きい順にカナダが1位,アメリカが3位である。したがって,日本ではストライキの参加に肯定的な人の比率は,世界的にも,アメリカなどの先進国と比べても,小さいとみなせるであろう。

　「決して参加することはないだろう」の日本の比率は50.7%であり,ほぼ半数である。国際比較の順位は比率が大きい順に39位であり,国際的にみて下位に属する。調査対象の国・地域では,この回答の比率が日本より高いところが多く存在するため,日本が下位に位置づけられるが,先進国のアメリカ（41.6%）やカナダ（35.9%）の比率よりも大きくなっている。回答の分布において,「わからない」の比率が2割を超えているのは日本（21.1%）だけであ

り，この回答の比率の高さが国際的に際立っている。

　以上のことから，国際比較，とりわけアメリカなどの先進国と比べて，日本はストライキの参加に肯定的な考えをもつ人は少ないといえるだろう。日本では，短期雇用が増えつつあるものの，依然として長期雇用が多く，労働者は企業と運命共同体の関係にある。労働者を企業一家の家族の一員と考えている経営者も多く，企業の利潤が減少し，経営が困難に陥っても，労働者の雇用は優先的に守ると公言する経営者も多い。日本では，退職金などの福利厚生も発達し，賃金も勤続年数に応じた生活給的な性格が強く，労働者は企業から安定や安心を得ている。このような日本的な状況下では，労使関係は親子関係，家族関係のような関係にあるため，ストライキという方法，すなわち，労働者が要求を通すために，集団で仕事を停止するというような方法は通常とられない。ストライキを主導するのは，労働組合であるが，日本では組織率は低下しており，それが存在する場合にも，労働条件の改善を強硬に主張するよりも労働者側の意見を経営者側に伝える機能や企業内で労働者間において何らかの問題が生じたとき，労働組合が間に入って対応するといった機能などが主たる機能になりつつあると考えられる。

　問 209，問 210，問 212 から得られた結果をまとめると，日本において署名のような穏健な意思表示については，肯定的な回答が 7 割を超えているが，実際の行動をともなうボイコットやストライキについては，否定的な回答と判断保留・不能の回答が 7 割を超えており，日本人は実際の行動をともなう要求や抗議のための集団行動には消極的であると考えられる。

　その理由として，第 1 に，日本の社会では，管理する側・管理される側，権力を行使する側・権力を行使される側などのように上下の関係があったとしても，上の者が下の者にも配慮するような社会規範があるので，大きな対立や摩擦が生じにくい社会であり，それが結果に反映した可能性がある。第 2 に，日本人は，周りの人や社会からの反応を気にし，それらに配慮するような社会規範をもっているが，集団による要求や抗議の行動は，目立つ行動であり，周りの人や社会からネガティブな評価をうけるリスクもあるので，そのようなリスクを避けようとした可能性もある。

　ただし，要求や抗議のための集団行動のうち，請願書・陳情書への署名につ

いては，参加したことのある人の割合がほぼ5割であり，国際的にも高かっ
た。これについては，集団行動の中でも目立たない行動であり，参加に費やす
労力も少なくて済むことが影響した可能性がある。

　なお，Benedict（1946）が指摘したように，日本人の行動基準は，周りの人
や世間が基準になっており，周りの空気を読み，周りの人からの批判を避け，
周りの人や世間の基準に合わせようとする。それによって，周りの人や世間に
受け入れられ，安心で安定した生活が得られる。このような日本人の社会規範
の下では，周りの人や社会において，ある一定方向の意見や行動が形成されて
しまうと，それについて疑問を持っている場合でも，その流れや雰囲気に逆
らえず，それを容認する集団行動に参加を余儀なくされるおそれがある。例え
ば，ある署名活動において，近所の人や職場の人はみな署名しているので，お
願いしますといわれると，署名の内容に関わらず，周りの圧力によって署名し
てしまうことはありうるだろう[7]。

## 13. 環境保護と経済成長・雇用

　環境と経済成長のどちらを重視すべきかについての質問は，問111で尋ねて
いる。問111は，環境保護優先（経済成長率が低下し，失業がある程度増えた
としても，環境保護が優先されるべきである）と経済成長・雇用優先（環境が
ある程度悪化したとしても，経済成長と雇用の創出が最も優先されるべきであ
る）のどちらの意見に近いかを尋ねた質問であり，回答は，「環境保護優先」，
「経済成長・雇用優先」，「他の回答」から1つを選択である。日本と51か国・
地域全体の回答の分布は，表20のとおりである。

表20　問111（環境保護優先か，経済成長・雇用優先か）の回答の分布

| | サンプルサイズ | 環境保護優先 | 経済成長・雇用優先 | 他の回答 | わからない | 無回答 |
|---|---|---|---|---|---|---|
| 日本 | 1,353 | 33.6% | 23.1% | 9.6% | 32% | 1.7% |
| 51か国・地域の全体 | 76,897 | 54.8% | 38.0% | 2.9% | 3.5% | 0.9% |

出所：「World Values Survey Wave 7 (2017–2020) Results in % by country weighted by w_weight
　　Study # WVS–2017 v2.0」より，筆者が作成。

　日本の回答結果において特徴的な点は，「わからない」の回答の比率（32％）が他の国と比較して突出して多く，回答者のほぼ3分の1が判断を保留していることである[8]。調査に参加している国・地域の全体におけるこの回答の比率は3.5％であり，この比率が多い国でも1割台である。日本では，「わからない」の比率が非常に多いので，国際比較を行うと，順位は比率が大きい順に「環境保護優先」が49位，「経済成長・雇用優先」が48位となり，いずれも低く出てしまう。

　日本において，「環境保護優先」の回答の比率は33.6％，「経済成長・雇用優先」のそれが23.1％なので，前者が後者を上回っている。アメリカやドイツのような欧米先進国をはじめとして，調査対象の多くの国・地域では，日本と同様に「環境保護優先」の回答の比率が，「経済成長・雇用優先」のそれを上回っている。それとは異なり，「経済成長・雇用優先」回答比率のほうが上回っている国・地域として，レバノン，チュニジア，ナイジェリア，エジプトなどがあるが，このような国・地域は一部に限られる。

　なお，日本における2010年の調査では，「環境保護優先」の回答の比率は22.7％，「経済成長・雇用優先」のそれが30.0％であったので，約10年の間に「環境保護優先」の回答の比率が増加し，「経済成長・雇用優先」のそれが減少している。世界的に脱炭素化の流れが生じているので，それが日本の回答に影響した可能性があるだろう。

## 14. 治安と犯罪

　問131は，最近の近所における治安についてどのように感じるかを尋ねた質問である。回答は「とても安全である」，「まあ安全である」，「あまり安全ではない」，「全く安全ではない」から1つを選択である。日本と51か国・地域全体の回答の分布は，表21のとおりである。

　日本の回答の分布で特徴的なことは，「まあ安全である」の比率が多いことである。「とても安全である」と「まあ安全である」を合計した肯定的な回答の比率は58.6％であり，国際比較の順位は比率が大きい順に42位に位置し，下位に属する。「あまり安全ではない」と「全く安全ではない」を合計した否

表21　問131（最近の近所における治安についてどのように感じるか）の回答の分布

| | サンプルサイズ | とても安全である | まあ安全である | あまり安全でない | 全く安全でない | わからない | 無回答 |
|---|---|---|---|---|---|---|---|
| 日本 | 1,353 | 2.9% | 55.7% | 35.2% | 4.6% | 1.2% | 0.5% |
| 51 か国・地域の全体 | 76,897 | 28.1% | 46.3% | 20.3% | 4.7% | 0.4% | 0.2% |

出所：「World Values Survey Wave 7 (2017-2020) Results in % by country weighted by w_weight Study # WVS-2017 v2.0」より，筆者が作成。

定的な回答の比率は39.8％であり，国際比較の順位は比率が大きい順に10位に位置し，上位に属する。この結果は，日本において近所の治安はよくないと感じている人が少なからず存在していることを示しており，一般的に日本は治安がよいというイメージに反する結果といえる。なお，否定的な回答の比率の大きい国は，ペルー（80.3％），チリ（61.2％），ブラジル（55.4％）などの南米の国であり，いずれも5割を超えている。

　問131は，治安についてどう感じるかを問う質問であったが，実際の犯罪である強盗に関して近所における発生頻度を問う質問（問132）が実施されているので，その結果をみてみよう。回答は「とても頻繁に起こる」，「まあ頻繁に起こる」，「あまり起こらない」，「全く起こらない」から1つを選択である。日本と50か国・地域全体の回答の分布は，表22のとおりである。

表22　問132（近所における強盗の発生頻度）の回答の分布

| | サンプルサイズ | とても頻繁に起こる | まあ頻繁に起こる | あまり起こらない | 全く起こらない | わからない | 無回答 |
|---|---|---|---|---|---|---|---|
| 日本 | 1,353 | 0.2% | 3.4% | 44.3% | 43.8% | 7.9% | 0.4% |
| 50 か国・地域の全体 | 73,861 | 7.0% | 15.4% | 38.4% | 38.0% | 1.00% | 0.20% |

出所：「World Values Survey Wave 7 (2017-2020) Results in % by country weighted by w_weight Study # WVS-2017 v2.0」より，筆者が作成。

　日本の回答において，「とても頻繁に起こる」と「まあ頻繁に起こる」の合計の比率は3.6％であり，低い水準である。国際比較の順位は比率が大きい順に47位であり，下位に属する。他方で，「あまり起こらない」と「全く起こらない」の合計（88.1％）は9割弱に達し，国際比較の順位は比率が大きい順に11位であり，上位に位置する。この結果は，絶対水準においても，国際比

較においても，日本では強盗の頻度が小さく，安全な国であることを示している。

　問 131 と問 132 の結果は，相反するように思えるが，次のように解釈することができるだろう。日本人は，悲観的であり，常に不安を感じている傾向がある。したがって，意識レベルで，安全かを問われると，少しでも事件が発生していると，それが気にかかり，安全でないと感じる人が少なからず存在する。しかし，実際の犯罪の発生率をみると，その頻度は低く，日本は安全な国といえる。実際には概ね，安全が保たれている理由については，日本人の多くは世間体，すなわち，世間の目を気にするので，日本人の多くは社会からの非難を恐れて，犯罪に踏み込まない。このような社会規範を多くの日本人が共有しているので，治安がよく，安全な社会が実現していると考えられる。そして，このような社会規範が成立した背景としては，日本人が安全や安心に大きな価値を置き，平穏な生活を欲しているからだと考えられる。

## 15．失業と戦争

　ここでは，失業と戦争についての心配の度合いを尋ねている質問（問 142 と問 146）があるので，それらを取り上げてみよう。いずれの質問も，回答は「とても心配である」，「まあ心配である」，「あまり心配でない」，「全く心配でない」から 1 つを選択である。

　はじめに，失業に対する心配の度合いを尋ねた問 142 から取り上げてみよう。問 142 は「仕事を失うことや職が見つからないこと」について問うものである。日本と 51 か国・地域全体の回答の分布は，表 23 のとおりである。

　日本の回答において，「とても心配である」と「まあ心配である」の合計の比率は 65.6％であり，ほぼ 3 分の 2 近くの回答者は失業について心配している。国際比較では日本の順位は比率が大きい順に 25 位であり，ほぼ中位である。「あまり心配でない」と「全く心配でない」の合計の比率は 29.8％であり，失業を心配していない回答者は約 3 割である。国際比較では日本の順位は比率が大きい順に 29 位であり，中位よりやや下に属する。調査対象の欧米先進国をみると，アメリカとカナダは心配している回答者の比率が 3 割台，

心配していない回答者の比率が6割台であり，ドイツが心配している回答者の割合が2割弱，心配していない回答者の割合が7割を超えている。

　他方で，実際の失業率をみてみると，総務省統計局の「労働力調査（基本集計）2019年」による日本の失業率は，2018年，2019年のいずれも2.4％であり，国際的にも低い水準である。欧米先進国の失業率については，労働政策研究・研修機構の「データブック労働比較2019」によると，2018年においてドイツが3.4％，アメリカが3.9％，カナダが5.8％である。日本の実際の失業率は，先進国を含めて国際的にみても低い水準にあるにもかかわらず，心配かどうかを問う意識のレベルでは，心配している人が多いという結果になっている。

表23　問142（失業に対する心配）の回答の分布

| | サンプルサイズ | 心配であるとても | 心配であるまあ | 心配でないあまり | 心配でない全く | わからない | 無回答 |
|---|---|---|---|---|---|---|---|
| 日本 | 1,353 | 32.5% | 33.1% | 19.8% | 10% | 3.8% | 0.7% |
| 51か国・地域の全体 | 76,897 | 36.2% | 25.2% | 18.7% | 16.5% | 1.2% | 2.2% |

出所：「World Values Survey Wave 7 (2017–2020) Results in % by country weighted by w_weight Study # WVS-2017 v2.0」より，筆者が作成。

表24　問146（戦争に対する心配）の回答の分布

| | サンプルサイズ | 心配であるとても | 心配であるまあ | 心配でないあまり | 心配でない全く | わからない | 無回答 |
|---|---|---|---|---|---|---|---|
| 日本 | 1,353 | 49.4% | 29.4% | 15.5% | 3.8% | 1.5% | 0.3% |
| 50か国・地域の全体 | 75,697 | 39.8% | 24.9% | 20.8% | 13.6% | 0.6% | 0.4% |

出所：「World Values Survey Wave 7 (2017–2020) Results in % by country weighted by w_weight Study # WVS-2017 v2.0」より，筆者が作成。

　次に，戦争に対する心配について尋ねた問146を取り上げてみよう。問146は「自国が戦争に巻き込まれること」について問うものである。日本と50か国・地域全体の回答の分布は，表24のとおりである。

　日本の回答において，「とても心配である」と「まあ心配である」の合計の比率は78.8％であり，8割近くの回答者は戦争に対して心配に感じている。国際比較では比率が大きい順に日本の順位は17位であり，上位の部類に属す

る。「あまり心配でない」と「全く心配でない」の合計の比率は19.3％であり，心配していない回答者は2割程度である。国際比較では比率が大きい順に日本の順位は34位であり，下位の部類に属する。

　日本と国境を接し，日本との関係があまりよくない中国についてみてみると，「とても心配である」と「まあ心配である」の合計の比率は58.1％であり，「あまり心配でない」と「全く心配でない」の合計の比率は41.3％である。日本の同盟国であり，第二次世界大戦後も軍事力の行使を経験しているアメリカについてみてみると，「とても心配である」と「まあ心配である」の合計の比率は74.6％であり，「あまり心配でない」と「全く心配でない」の合計の比率は24.5％である。日本人が感じる戦争に対する心配の度合いは，中国人やアメリカ人と比べても大きくなっている。

　日本が戦争に巻き込まれるリスクに関しては，北朝鮮の核開発・ミサイル発射問題や尖閣列島をめぐる中国との緊張関係は生じているものの，戦争にまで発展することはないというのが一般的な認識であろう。しかし，意識のレベルでは，日本人の回答者の8割近くが戦争について心配しているのである。

　日本は，国際的にみれば，失業率が低く，平和志向の国家であると考えられる。それでも，失業や戦争の心配度は国際比較で上位に位置している。したがって，日本人の多くは，現実はさほど悪くなくても，心の状態としては常に不安を感じている心配性の国民であるいえるだろう。心配性であるということは，その裏返しとして，それだけ，安心や安全に大きな価値を置いていることを意味していると考えられる。

　心配性の日本人は，他国の人と比べてリスクを大きく評価するため，他国の人が感じる同じレベルの安心や安全を得るためには，他国の人が感じるレベル以上にリスクの低い状態が求められることになるだろう。

# 16．自由，平等，安全

　自由（freedom），平等（equality），安全もしくは安心（security）については，自由と平等，自由と安全それぞれについて，二者択一でどちらがより重要かを問う質問（問149と問150）がなされているので，その結果をみていこう。

問 149 は，自由と平等のどちらかがより重要であるかを問う質問であり，51
か国・地域それぞれとそれら全体の回答の分布は，表 25 のとおりである。

表 25　問 149（自由と平等のどちらを重視か）の回答の分布

| | サンプルサイズ | 自由をより重視する | 平等をより重視する | わからない | 無回答 |
|---|---|---|---|---|---|
| アンドラ | 1,004 | 66% | 33.7% | 0% | 0.3% |
| アルゼンチン | 1,003 | 61.7% | 38% | 0% | 0.3% |
| オーストラリア | 1,813 | 72.7% | 26.5% | 0% | 0.8% |
| バングラデシュ | 1,200 | 73.6% | 25.8% | 0.6% | 0% |
| ボリビア | 2,067 | 43.7% | 54.8% | 1.2% | 0.3% |
| ブラジル | 1,762 | 45.5% | 49.9% | 4.1% | 0.6% |
| ミャンマー | 1,200 | 25.1% | 74.9% | 0% | 0% |
| カナダ | 4,018 | 63.9% | 36.1% | 0% | 0% |
| チリ | 1,000 | 37.8% | 57.5% | 4.4% | 0.4% |
| 中国 | 3,036 | 34% | 65.4% | 0% | 0.6% |
| 台湾 | 1,223 | 62.1% | 37% | 0.9% | 0% |
| コロンビア | 1,520 | 53.7% | 46.3% | 0% | 0% |
| キプロス | 1,000 | 68.1% | 29.6% | 1.2% | 1.1% |
| エクアドル | 1,200 | 51.4% | 47.6% | 0.9% | 0.1% |
| エチオピア | 1,230 | 63.2% | 36.7% | 0.2% | 0% |
| ドイツ | 1,528 | 64% | 30.9% | 3.7% | 1.4% |
| ギリシャ | 1,200 | 77.8% | 21.8% | 0.2% | 0.1% |
| グアテマラ | 1,203 | 49.4% | 49.5% | 1.2% | 0% |
| 香港特別行政区 | 2,075 | 59.8% | 38.8% | 1.2% | 0.3% |
| インドネシア | 3,200 | 34.3% | 64.9% | 0.5% | 0.3% |
| イラン | 1,499 | 31.6% | 67.7% | 0.5% | 0.2% |
| イラク | 1,200 | 37.5% | 61.4% | 0.9% | 0.2% |
| 日本 | 1,353 | 57.1% | 34.1% | 8.5% | 0.3% |
| カザフスタン | 1,276 | 51.1% | 42.3% | 5% | 1.6% |
| ヨルダン | 1,203 | 48.1% | 50.1% | 1.7% | 0% |
| 韓国 | 1,245 | 64.9% | 35.1% | 0% | 0% |
| キルギスタン | 1,200 | 58.7% | 40.1% | 0.9% | 0.4% |
| レバノン | 1,200 | 36.2% | 61.7% | 2.1% | 0% |
| マカオ特別行政区 | 1,023 | 53.2% | 46.5% | 0% | 0.3% |
| マレーシア | 1,313 | 55.4% | 44.6% | 0% | 0% |
| メキシコ | 1,739 | 54.4% | 45.2% | 0.3% | 0.1% |
| ニュージーランド | 1,057 | 67.1% | 24.2% | 6.1% | 2.6% |
| ニカラグア | 1,200 | 63.6% | 36.4% | 0% | 0% |
| ナイジェリア | 1,237 | 71.4% | 28% | 0.4% | 0.2% |
| パキスタン | 1,995 | 65.5% | 33.1% | 1.3% | 0.2% |
| ペルー | 1,400 | 40.3% | 58.2% | 0.8% | 0.8% |
| フィリピン | 1,200 | 48.2% | 51.8% | 0% | 0% |
| プエルトリコ | 1,127 | 46.6% | 52.1% | 0% | 1.3% |
| ルーマニア | 1,257 | 71.7% | 25.8% | 2.1% | 0.5% |
| ロシア | 1,810 | 50.3% | 41.1% | 8.3% | 0.4% |
| セルビア | 1,046 | 82.3% | 15.6% | 0.7% | 1.4% |

| | | | | | |
|---|---|---|---|---|---|
| シンガポール | 2,012 | 46% | 52.8% | 0% | 1.2% |
| ベトナム | 1,200 | 68.9% | 31.1% | 0% | 0% |
| ジンバブエ | 1,215 | 79.5% | 20.2% | 0.2% | 0.1% |
| タジキスタン | 1,200 | 67% | 33% | 0% | 0% |
| タイ | 1,500 | 41.8% | 56.2% | 0% | 2% |
| チュニジア | 1,208 | 50.8% | 45.9% | 0.2% | 3.1% |
| トルコ | 2,415 | 41.2% | 56.1% | 1.9% | 0.7% |
| ウクライナ | 1,289 | 63.7% | 27.6% | 8.5% | 0.2% |
| エジプト | 1,200 | 36.1% | 62.6% | 1.2% | 0.1% |
| アメリカ | 2,596 | 77.9% | 21.3% | 0% | 0.8% |
| 51か国・地域の全体 | 76,897 | 54.7% | 43.5% | 1.3% | 0.5% |

出所：「World Values Survey Wave 7 (2017–2020) Results in % by country weighted by w_weight Study # WVS–2017 v2.0」

　日本の回答では，「わからない」の比率が他国と比べても多い傾向にあるが，この質問でも，その比率は8.5％であり，国際比較において最も高い数字になっている。日本の回答の6割弱が「自由をより重視する」であり，回答のほぼ3分の1が「平等をより重視する」である。絶対的な水準でみると，平等より自由を重視している人が多いといえる。日本の国際比較における順位では，「自由をより重視する」の比率が大きい順に25位であり，中位に位置する。国際比較の観点からは，日本は特段に自由を重視している国とはみなされない。アメリカでは，「自由をより重視する」が8割弱（77.9％）であり，国際比較で3位に位置するので，イメージ通りに国際的にみても自由を重視する国といえる。

　「平等をより重視する」の比率の国際比較では，日本の順位は比率の大きい順に35位であり，中位よりやや下に位置する。国際比較の観点からは，平等をさほど重視していないとみなされるであろう。平等をより重視している国としては，中国やイスラム圏の国がある。「平等をより重視」している比率は，中国が65.4％であり，国際比較の順位では大きい順に3位に位置し，イラン，インドネシア，エジプト，イラクが6割台の後半であり，いずれの順位も1桁である。

表26　問150（自由と安全のどちらを重視か）の回答の分布

| | サンプルサイズ | 自由をより重視する | 安全をより重視する | わからない | 無回答 |
|---|---|---|---|---|---|

| | | | | | |
|---|---|---|---|---|---|
| アンドラ | 1,004 | 36.5% | 63.1% | 0% | 0.4% |
| アルゼンチン | 1,003 | 33.6% | 65.9% | 0% | 0.5% |
| オーストラリア | 1,813 | 51.2% | 46.5% | 0% | 2.4% |
| バングラデシュ | 1,200 | 27.3% | 72.2% | 0.4% | 0.1% |
| ボリビア | 2,067 | 15.7% | 82.9% | 1.1% | 0.3% |
| ブラジル | 1,762 | 24.4% | 71.9% | 3% | 0.7% |
| ミャンマー | 1,200 | 11.4% | 88.6% | 0% | 0% |
| カナダ | 4,018 | 49.1% | 50.9% | 0% | 0% |
| チリ | 1,000 | 30.9% | 65.6% | 3.3% | 0.3% |
| 中国 | 3,036 | 7.1% | 92.7% | 0% | 0.2% |
| 台湾 | 1,223 | 13.7% | 85.8% | 0.5% | 0% |
| コロンビア | 1,520 | 32.6% | 67.4% | 0% | 0% |
| キプロス | 1,000 | 31% | 66.5% | 1.7% | 0.8% |
| エクアドル | 1,200 | 23.4% | 76% | 0.6% | 0% |
| エチオピア | 1,230 | 32.7% | 67.2% | 0.2% | 0% |
| ドイツ | 1,528 | 43.2% | 53.4% | 2.4% | 1% |
| ギリシャ | 1,200 | 44.9% | 54.8% | 0.3% | 0% |
| グアテマラ | 1,203 | 24.8% | 73.8% | 0% | 1.4% |
| 香港特別行政区 | 2,075 | 23.4% | 76.1% | 0.4% | 0.1% |
| インドネシア | 3,200 | 4.5% | 95.2% | 0.1% | 0.2% |
| イラン | 1,499 | 14.9% | 84.5% | 0.2% | 0.4% |
| イラク | 1,200 | 9.8% | 89.2% | 0.9% | 0.2% |
| 日本 | 1,353 | 13.6% | 82.1% | 4.1% | 0.2% |
| カザフスタン | 1,276 | 26.5% | 68.5% | 3.8% | 1.2% |
| ヨルダン | 1,203 | 9.6% | 89.7% | 0.7% | 0% |
| 韓国 | 1,245 | 42.9% | 57.1% | 0% | 0% |
| キルギスタン | 1,200 | 36.4% | 62.3% | 0.5% | 0.7% |
| レバノン | 1,200 | 25.8% | 72.3% | 1.8% | 0% |
| マカオ特別行政区 | 1,023 | 18.8% | 80.7% | 0% | 0.5% |
| マレーシア | 1,313 | 28.1% | 71.9% | 0% | 0% |
| メキシコ | 1,739 | 27.4% | 72.3% | 0.3% | 0% |
| ニュージーランド | 1,057 | 47.3% | 42% | 7.9% | 2.7% |
| ニカラグア | 1,200 | 34.7% | 65.3% | 0% | 0% |
| ナイジェリア | 1,237 | 28% | 71.3% | 0.6% | 0.2% |
| パキスタン | 1,995 | 44.4% | 53.9% | 1.7% | 0.1% |
| ペルー | 1,400 | 15.7% | 82.8% | 1.2% | 0.3% |
| フィリピン | 1,200 | 31.6% | 68.3% | 0.1% | 0% |
| プエルトリコ | 1,127 | 23.8% | 75.3% | 0% | 0.9% |
| ルーマニア | 1,257 | 33.8% | 64.5% | 1.5% | 0.2% |
| ロシア | 1,810 | 23.5% | 72% | 3.9% | 0.6% |
| セルビア | 1,046 | 54.5% | 43.4% | 0.4% | 1.7% |
| シンガポール | 2,012 | 20.9% | 77.9% | 0% | 1.1% |
| ベトナム | 1,200 | 32.4% | 67.6% | 0% | 0% |
| ジンバブエ | 1,215 | 28.3% | 71.4% | 0.2% | 0.2% |
| タジキスタン | 1,200 | 34.3% | 65.7% | 0% | 0% |
| タイ | 1,500 | 31% | 68.1% | 0% | 0.9% |
| チュニジア | 1,208 | 17.8% | 80% | 0% | 2.2% |
| トルコ | 2,415 | 39.1% | 59% | 1.2% | 0.7% |
| ウクライナ | 1,289 | 29.5% | 65.9% | 4.3% | 0.3% |
| エジプト | 1,200 | 12.6% | 86.3% | 0.9% | 0.2% |

| アメリカ | 2,596 | 69.5% | 28.3% | 0% | 2.2% |
| 51か国・地域の全体 | 76,897 | 29.1% | 69.5% | 0.9% | 0.5% |

出所：「World Values Survey Wave 7（2017–2020）Results in % by country weighted by w_weight
　　　Study # WVS–2017 v2.0」

　問150は，自由と安全のどちらがより重要であるかを問う質問であり，51
か国・地域それぞれとそれら全体の回答の分布は，表26のとおりである。日
本の回答の8割強が「安全をより重視する」であり，自由と安全の二者択一で
は，多くの人が安全をより重視している。日本の国際比較における順位では，
「安全をより重視する」の比率が，大きい順に11位であり，国際的にも上位に
位置する。上位に位置する国としては，中国がある。中国の比率は92.7％であ
り，2位に位置する。インドネシア，ヨルダン，イラク，エジプトなどのイス
ラム圏の国もその比率が8割台の後半を超えており，いずれの順位も1桁であ
る。

　日本の回答における「自由をより重視する」は13.6％であり，国際比較では
比率が大きい順に45位である。絶対的な水準においても，国際的な相対比較
においても，安全と自由の比較においては，日本は自由を重視している国とは
みなされない。

　調査対象の欧米先進国と比べると，日本との違いが鮮明になる。アメリカで
は，「自由をより重視する」の比率がほぼ7割で多数を占めており，この比率
は国際比較で大きい順に1位である。ドイツとカナダは，日本と同様に，「安
全をより重視する」の比率が「自由をより重視する」のそれを上回っているも
のの，後者の比率がカナダでは5割弱，ドイツでは4割強である。

　以上の結果を総合すると，日本人は平等より自由を重視するものの，最も重
要なのは安全や安心である。したがって，階層や序列があっても，一定の自由
が保障され，安全や安心が確保される社会，例えば，Benedict（1946）が指摘
した階層社会や中根（1967）が指摘した序列社会は，日本人の価値観と整合的
な社会であるといえるだろう。

　日本は西側諸国に属しているものの，アメリカのように自由に大きな価値を
置く欧米先進国とは異なっており，日本人の多くは，自由の価値観と整合的な
民主主義や市場経済のメリットを評価しつつも，安全や安心に大きな価値を置

いており，安全で安心できる生活を求めているということができるだろう。

## 17. 移民

　2010 年に実施された調査で日本独自の質問の中に移民に関わる質問（問 83）がある。池田（2016）の第 3 章で，2010 年の調査における質問（問 83）を小林哲郎が分析しているので，その結果を紹介しておこう。問 83 は，日本に定住しようと思って日本に来る外国人はもっと増えたほうがよいと思うか否かを尋ねた質問である。回答は，「かなり増えたほうがよい」，「少し増えたほうがよい」，「今くらいでよい」，「少し減ったほうがよい」，「かなり減ったほうがよい」から 1 つを選択である。

　日本の調査で得られた回答の内訳は，「今くらいでよい」が 38 ％で，「わからない」が 25 ％である。「かなり増えたほうがよい」が 3 ％，「少し増えたほうがよい」が 14 ％であり，「少し減ったほうがよい」が 12 ％，「かなり減ったほうがよい」が 8 ％である。現状維持が 4 割弱を占めており，多数である。判断保留が 4 分の 1，肯定的な意見が 2 割弱，否定的な意見が 2 割であり，否定的な意見の比率が肯定的な意見の比率を若干上回っている。

　日本は，低出生率が続いているため，人口が減少しており，労働力を補てんし，国の活力を維持していくためには，移民を多く受け入れることが 1 つの選択肢となりうる。しかし，日本人とは違う社会規範をもつ外国人を受け入れることは，日本人との軋轢を生じさせるおそれがある。日本人はリスク回避の志向が強いので，定住する外国人を増やすことに肯定的な意見は多いといえず，現状維持や判断保留の意見が大勢を占めている。

　欧米諸国では，移民によって成立した国や国境が陸続きで，人の移動が容易であるなどの事情もあって，多くの移民を受け入れている国もある。日本では，諸外国とは異なる日本特有というべき社会規範が存在しているので，欧米と同じようなわけにはいかないと考えられる。

## 18．信用

　人を信用できるかについての質問は，問57から問63で尋ねているので，これらの結果をみていくことにしよう。問57は「一般的に，ほとんどの人は信用できるか，それとも注意深く付き合うべきか」を尋ねた質問であり，回答は，「ほとんどの人は信用できる」，「注意深く付き合うべきである」から1つを選択である。日本と51か国・地域全体の回答の分布は，表27のとおりである。

　日本では，「ほとんどの人は信用できる」の回答の比率（33.7％）がほぼ3分の1であり，「注意深く付き合うべきである」のそれがほぼ6割である。絶対的な水準でみると，日本では半数を超える回答者が，人とは注意深く付き合うべきであると考えている。実際には多くの人は信用できるとしても，人に危害や損失を与える人が何人かいれば，その人に当たる可能性もあるので，リスク回避傾向が強い日本では，それが回答に反映した可能性があるだろう。

　「ほとんどの人は信用できる」の回答の比率を国際比較してみると，日本の順位は大きい順位に9位であり，絶対的な水準では大きいとはいえないものの，国際比較では上位に位置している。この回答の比率が大きい国としては，調査対象の欧米先進国がこれに該当している。カナダ（46.7％），ドイツ（44.6％），アメリカ（37％）が1桁の順位であり，いずれも日本より上位に位置する。したがって，日本の人に対する一般的な信用度は，国際比較では高い部類に属するものの，欧米先進国よりは低いといえるだろう。なお，人に対する一般的な信用度の低い国としては，ニカラグア，ペルー，コロンビア，エクアドル，ブラジルのような南米諸国がこれに該当し，「ほとんどの人は信用できる」の回答の比率はいずれの国も1桁台である。

　問58から問63は，人を細かく分類して，それぞれの信用度を尋ねた質問である。分類は，「家族」，「隣人」，「個人的な知り合い」，「初対面の人」，「自分とは異なる宗教の人」，「自分とは異なる国籍の人」の6つであり，回答は，「完全に信用する」，「やや信用する」，「あまり信用しない」，「全く信用しない」から1つを選択である。

表27　問57（人は信用できるか，注意深く付き合うべきか）の回答の分布

|  | サンプルサイズ | ほとんどの人は信用できる | 注意深く付き合うべきである | わからない | 無回答 |
|---|---|---|---|---|---|
| 日本 | 1,353 | 33.7% | 61% | 4.3% | 1% |
| 51か国・地域の全体 | 76,897 | 22.5% | 76.3% | 0.6% | 0.5% |

出所：「World Values Survey Wave 7 (2017-2020) Results in % by country weighted by w_weight Study # WVS-2017 v2.0」より，筆者が作成。

表28　問58（家族を信用できるか）の回答の分布

|  | サンプルサイズ | 完全に信用する | やや信用する | あまり信用しない | 全く信用しない | わからない | 無回答 |
|---|---|---|---|---|---|---|---|
| 日本 | 1,353 | 70.3% | 27.1% | 1% | 0.2% | 0.4% | 1% |
| 51か国・地域の全体 | 76,897 | 77.2% | 18.3% | 3.5% | 0.9% | 0.1% | 0.2% |

出所：「World Values Survey Wave 7 (2017-2020) Results in % by country weighted by w_weight Study # WVS-2017 v2.0」より，筆者が作成。

　第1に，「家族」に対する信用度の結果からみていこう。日本と51か国・地域全体の回答の分布は，表28のとおりである。日本の調査結果に注目すると，「完全に信頼する」の回答の比率（7割）が多数であり，残りの回答のほとんどは「やや信用する」である。「完全に信用する」と「やや信用する」の比率を合計した肯定的な回答の比率は97.4％であり，絶対的な水準では，ほぼすべての回答者が肯定的な回答である。肯定的な回答の比率は，調査対象のすべての国・地域で8割を超えているが，国際比較における日本の順位は比率の大きい順に23位であり，中位よりやや上に位置する。国際比較で上位に位置するのは，バングラデシュ，ベトナム，中国，韓国などのアジア圏の国であり，肯定的な回答の比率は99％を超えている。

　日本における「あまり信用しない」と「全く信用しない」の比率を合計した否定的な回答の比率は1.2％であり，否定的な回答はきわめて少ない。国際比較の順位は比率の大きい順に42位であり，国際的にも下位に位置する。否定的な回答の比率は，調査対象のほとんどの国・地域で1桁以下であるが，ボリビアやナイジェリアといったアフリカの国やエクアドル，ニカラグア，コロンビア，ブラジルといった南米諸国で1割を超えている。

表29　問59（隣人を信用できるか）の回答の分布

| | サンプルサイズ | 完全に信用する | やや信用する | あまり信用しない | 全く信用しない | わからない | 無回答 |
|---|---|---|---|---|---|---|---|
| 日本 | 1,353 | 4% | 56% | 28.7% | 4.1% | 6.1% | 1.1% |
| 51か国・地域の全体 | 76,897 | 16.1% | 53.4% | 22.6% | 7.2% | 0.5% | 0.2% |

出所：「World Values Survey Wave 7（2017-2020）Results in % by country weighted by w_weight Study # WVS-2017 v2.0」より，筆者が作成。

　第2に，「隣人」に対する信用度の結果をみてみよう。日本と51か国・地域全体の回答の分布は，表29のとおりである。日本の調査結果に注目すると，「やや信頼する」の回答の比率が5割強であり，「あまり信用しない」のそれが3割弱である。「完全に信用する」と「やや信用する」の比率を合計した肯定的な回答の比率は60%であり，絶対的な水準では肯定的な回答が多数である。ただし，国際比較における日本の順位は比率が大きい順に42位であり，国際的には下位に位置する。国際比較で上位に位置するのは，バングラデシュ，ベトナム，エチオピア，エジプト，タイなどの国であり，これらの国では，肯定的な回答が8割を超えている。カナダ，ドイツ，アメリカといった欧米先進国における肯定的な回答の比率は7割から8割であり，隣人に対する信用度は日本より高くなっている。

　日本における「あまり信用しない」と「全く信用しない」の比率を合計した否定的な回答の比率は32.8%であり，否定的な回答は3割強である。日本の国際比較の順位は比率が大きい順に15位であり，国際的に上位に位置する。否定的な回答の比率で国際的に上位に位置する国としては，ペルー，エクアドル，ニカラグアといった南米諸国であり，いずれの国も6割を超えている。

表30　問60（個人的な知り合いを信用できるか）の回答の分布

| | サンプルサイズ | 完全に信用する | やや信用する | あまり信用しない | 全く信用しない | わからない | 無回答 |
|---|---|---|---|---|---|---|---|
| 日本 | 1,353 | 12.6% | 71.1% | 11.6% | 1.5% | 2% | 1.3% |
| 51か国・地域の全体 | 76,897 | 21.3% | 53.3% | 19.2% | 5.8% | 0.2% | 0.2% |

出所：「World Values Survey Wave 7（2017-2020）Results in % by country weighted by w_weight Study # WVS-2017 v2.0」より，筆者が作成。

第3に，「個人的な知り合い」に対する信用度の結果をみてみよう。日本と51か国・地域全体の回答の分布は，表30のとおりである。

日本の調査結果に注目すると，「やや信頼する」の回答の比率がほぼ7割であり，「完全に信用する」のそれが1割強である。「完全に信用する」と「やや信用する」の比率を合計した肯定的な回答の比率は83.7％であり，絶対的な水準では肯定的な回答が多数である。国際比較における日本の順位は比率が大きい順に15位であり，国際的にも上位に位置する。国際比較で上位に位置するのは，カナダ，ドイツ，アメリカといった欧米先進国であり，肯定的な回答の比率は9割弱から9割以上である。オーストラリアとニュージーランドといったオセアニア圏の国も9割を超えている。以上のことから，日本では，多くの人が個人的な知り合いの信用度は，絶対的な水準でも国際比較でも高いものの，調査対象の先進国と比べれば，低いということになる。

日本における「あまり信用しない」と「全く信用しない」の比率を合計した否定的な回答の比率は13.1％であり，否定的な回答は1割強である。日本の国際比較の順位は比率が大きい順に39位であり，国際的に下位に位置する。否定的な回答の比率で上位に位置する国としては，ペルー，エクアドル，メキシコ，ボリビアがあり，いずれの国も5割を超えている。

表31　問61（初対面の人を信用できるか）の回答の分布

| | サンプルサイズ | 完全に信用する | やや信用する | あまり信用しない | 全く信用しない | わからない | 無回答 |
|---|---|---|---|---|---|---|---|
| 日本 | 1,353 | 0.1% | 10.3% | 49% | 21.4% | 17.7% | 1.5% |
| 51か国・地域の全体 | 76,897 | 2.4% | 22.0% | 43.3% | 31.1% | 1.0% | 0.3% |

出所：「World Values Survey Wave 7 (2017-2020) Results in % by country weighted by w_weight Study # WVS-2017 v2.0」より，筆者が作成。

第4に，「初対面の人」に対する信用度についてみてみよう。日本と51か国・地域全体の回答の分布は，表31のとおりである。

日本の回答で特徴的なことは「わからない」の比率が突出していることである。ほとんどの国・地域のこの回答の比率が数％以下であるのに対して，日本は2割弱（17.7％）である。

日本における「完全に信頼する」と「やや信用する」の比率を合計した肯定

的な回答の比率はほぼ１割（10.4％）であり，絶対的な水準において小さく，国際比較でも比率が大きい順に 45 位であり，国際比較でも下位に位置する。国際比較で高い位置に属するのは，カナダ，アメリカ，ドイツといった欧米先進国およびニュージーランドやオーストラリアといった国々である。これらの国では，肯定的な回答の比率が３分の１を超えており，５割に達する国もある。それゆえ，日本では，絶対的な水準においても，欧米先進国を含めた国際比較においても，初対面の人に対する信用度は低いといえるだろう。

　日本における「あまり信用しない」と「全く信用しない」の比率を合計した否定的な回答の比率はほぼ７割（70.4％）であり，絶対的な水準において高いものの，国際比較では比率が大きい順に 34 位であり，国際比較では下位に位置する。国際比較で高い位置に属するのは，エクアドル，インドネシア，ペルーであり，これらの国の否定的な回答の比率は９割を超えている。

　肯定的な回答の比率が否定的な回答の比率を上回る国・地域は，ニュージーランドのみであり，残りの国・地域は否定的な回答の比率が肯定的な回答の比率を上回っている。カナダ，アメリカ，ドイツといった欧米先進国では，否定的な回答の比率は６割強以下であり，日本の比率より小さくなっている。それゆえ，日本は，絶対的な水準および調査対象の欧米先進国との相対比較において，初対面の人に対する信用度は低いといえるだろう。

表 32　問 62（自分とは異なる宗教の人を信用できるか）の回答の分布

| | サンプルサイズ | 完全に信用する | やや信用する | あまり信用しない | 全く信用しない | わからない | 無回答 |
|---|---|---|---|---|---|---|---|
| 日本 | 1,353 | 0.2% | 12.9% | 31.4% | 16.5% | 37.9% | 1% |
| 51 か国・地域の全体 | 76,897 | 5.6% | 36.9% | 34.4% | 19.4% | 3.0% | 0.8% |

出所：「World Values Survey Wave 7 (2017-2020) Results in % by country weighted by w_weight Study # WVS-2017 v2.0」より，筆者が作成。

　第５に，「自分とは異なる宗教の人」に対する信用度についてみてみよう。日本と 51 か国・地域全体の回答の分布は，表 32 のとおりである。回答の分布において特徴的なことは，日本における「わからない」の比率が 37.9％であり，突出して高いことである。

　日本における「完全に信頼する」と「やや信用する」の比率を合計した肯定

的な回答の比率は1割強（13.1％）であり，絶対的な水準において小さく，国際比較でも比率が大きい順に最下位の51位である。調査対象の欧米先進国では肯定的な回答の比率が大きく，カナダとアメリカが7割を，ドイツが5割を超えている。

　日本における「あまり信用しない」と「全く信用しない」の比率を合計した否定的な回答の比率は5割弱（47.9％）であり，半数近くが否定的な回答である。ただし，調査に参加した他の国・地域の多くにおいて，否定的な回答の比率が高かったので，日本の国際比較での順位は比率が大きい順に35位であり，やや下位に位置する。否定的な回答の比率が大きい国としては，タジキスタン，中国，エクアドルなどがあり，いずれも7割台の後半を超えている。

　以上のことから，日本では，自分とは異なる宗教をもつ人に対しては，判断保留や判断不能と感じたり，不安を感じて信頼するに至らない人が多いといえるだろう。このようなことの原因としては，日本では，他の国・地域とは異なり，明確に特定の宗教を持っている人と接触する経験が少ないことが影響していると考えられる。

表33　問63（自分とは異なる国籍の人を信用できるか）の回答の分布

| | サンプルサイズ | 完全に信用する | やや信用する | あまり信用しない | 全く信用しない | わからない | 無回答 |
|---|---|---|---|---|---|---|---|
| 日本 | 1,353 | 0.2% | 15.7% | 34.7% | 9.9% | 38.4% | 1% |
| 51か国・地域の全体 | 76,897 | 4.5% | 32.4% | 34.9% | 24.4% | 3.2% | 0.7% |

出所：「World Values Survey Wave 7 (2017-2020) Results in % by country weighted by w_weight Study # WVS-2017 v2.0」より，筆者が作成。

　第6に，「自分とは異なる国籍の人」に対する信用度についてみてみよう。日本と51か国・地域全体の回答の分布は，表33のとおりである。

　回答の分布において特徴的なことは，日本において，「自分とは異なる宗教の人」の場合と同様に，「自分とは異なる国籍の人」においても，「わからない」の回答の比率（38.4％）が突出して大きいことである。グローバル化が進み，外国人と接する機会が多くなっているとはいえ，日本では移民が少なく，日本人は単一民族であるという特徴をもつ。他方で，欧米先進国などでは，移民を多く受け入れたり，多様な国にルーツを持っている人が一緒に生活してい

る。このようなことから，日本では，外国人との接触の経験不足により，確た
る意見をもてない人が一定数存在したと考えられる。

　日本における「完全に信頼する」と「やや信用する」の比率を合計した肯定
的な回答の比率は 15.9% であり，絶対的な水準において小さく，国際比較でも
比率が大きい順に 50 位であり，国際比較でもほぼ最下位に位置する。調査対
象の欧米先進国は肯定的な回答の比率が大きく，カナダとアメリカが 7 割を超
えており，ドイツは 6 割弱である。

　日本における「あまり信用しない」と「全く信用しない」の比率を合計した
否定的な回答の比率は 44.6% であり，否定的な回答の比率が肯定的な回答の比
率をかなり上回っている。ただし，調査に参加した他の国・地域の多くにおい
て，否定的な回答の比率が高かったので，日本の国際比較での順位は比率が高
い順に 42 位であり，下位に位置する。否定的な回答の比率が高かった国とし
ては，ペルー，中国，ニカラグア，エクアドルなどがあり，いずれも 8 割を超
えている。

　以上のことから，日本では，自分と異なる宗教の人の場合と同様に，自分と
は国籍の人に対しては，判断保留や判断不能と感じたり，不安にかられて信頼
するに至らない人が多いといえるだろう。この点は，アメリカ，カナダ，ドイ
ツといった欧米先進国とは対照的である。アメリカやカナダでは，先住民の比
率がわずかであり，国民のほとんどが移民や移民にルーツをもつ人たちから成
り立っているという事情が日本との意識の差に表れていると思われる。

　問 58 から問 63 の結果から，日本では，人に対する信頼度において他国と異
なる特徴的な傾向が見出された。そして，人に対する信頼度は，人との付きあ
い方にも影響すると考えられる[9]。


## 19.　公的規範と私的規範

　ここでは，公的規範と私的規範に関わる質問を取り上げてみよう。この質問
に対する回答は，「決して正当化できない」を 1，「常に正当化できる」を 10
とする 10 段階の整数から 1 つを選択である。

　はじめに，公的規範からみていくことにしよう。公的規範についての質問は

5つあり，問177は「資格がないのに，政府からの給付を要求する」，問178は「公共交通機関の料金をごまかす」，問179は「窃盗を行う」，問180は「機会があれば，脱税する」，問181は「仕事に関係したことで，賄賂を受け取る」である。なお，5つの質問のうち，問178の調査対象の国・地域の数は49であり，残りの4つの質問のそれは51である。

表34　問177から問181（公的規範に関わる質問）の回答の分布

| | 日本の回答の平均値 | 調査対象の国・地域の全体における回答の平均値 | 調査対象の国・地域における日本の順位（平均値の大きい順） |
|---|---|---|---|
| 資格がないのに，政府からの給付を要求する | 1.76 | 3.03 | 48位 |
| 公共交通機関の料金をごまかす | 1.32 | 2.82 | 49位 |
| 窃盗を行う | 1.11 | 1.79 | 50位 |
| 機会があれば，脱税する | 1.26 | 2.21 | 51位 |
| 仕事に関係したことで，賄賂を受け取る | 1.39 | 1.94 | 46位 |

出所：「World Values Survey Wave 7 (2017-2020) Results in % by country weighted by w_weight Study # WVS-2017 v2.0」より，筆者が作成。

　公的規範に関わる5つの質問それぞれの回答の日本と調査対象の国・地域の全体それぞれについての平均値および調査対象の国・地域における平均値の日本の順位を示したのが表34である。

　平均値が1に近く，小さいほど，社会的に不正な行為を正当化できないという意識が強く，公的規範を遵守する意識が強いことを意味する。調査対象の国・地域の全体における回答の平均値は1点台から3点台であり，絶対的な水準において，世界の人々は，公的規範を遵守するほうの意見に近い。日本については，5つの質問の回答の平均値が1点台であり，国際比較でも，平均値の順位は大きい順に下位に属している。したがって，絶対的な水準においても，国際比較においても，日本は公的規範を遵守する意識が高い国とみなせる。調査対象の欧米先進国の中では，ドイツが日本と同様に，5つの質問の回答の平均値が1点台であり，ドイツも公的規範の意識が高いと考えられる。他方で，フィリピンの回答の平均値は，3点台から4点台の結果となっており，国際比較の観点からは，公的規範の意識が高くない国に位置づけられる。

　次に，私的規範についてみていこう。性，家庭，死，暴力などについての主

に私的規範に関わる10個の質問それぞれの回答の日本と調査対象の国・地域の全体それぞれについての平均値および調査対象の国・地域における平均値の日本の順位を示したのが表35である。平均値が10に近く，大きいほど，その行為を肯定する意識が強いことを意味する。

　質問は10個であり，問182は「同性愛」，問184は「妊娠中絶」，問185は「離婚」，問187は「自殺」，問188は「安楽死」，問189は「夫が妻を叩くこと」，問190は「親が子を叩くこと」，問191は「他人に対する暴力」，問194は「政治的暴力」，問195は「死刑」である。なお，10個の質問のうち，問182の調査対象の国・地域の数は49，問194のそれは50，残りの8個の質問のそれは51である。

表35　問182, 問184, 問185, 問187 から問191, 問194, 問195
（私的規範に関わる質問）の回答の分布

| | 日本の回答の平均値 | 調査対象の国・地域の全体の回答の平均値 | 日本の平均値の順位（大きい順） |
|---|---|---|---|
| 同性愛 | 6.71 | 3.85 | 6 位 |
| 妊娠中絶 | 4.87 | 3.31 | 6 位 |
| 離婚 | 6.8 | 4.81 | 7 位 |
| 自殺 | 2.71 | 2.43 | 16 位 |
| 安楽死 | 6.18 | 3.75 | 6 位 |
| 夫が妻を叩くこと | 1.27 | 1.8 | 45 位 |
| 親が子を叩くこと | 1.3 | 2.84 | 50 位 |
| 他人に対する暴力 | 1.31 | 1.94 | 49 位 |
| 政治的暴力 | 1.39 | 1.99 | 44 位 |
| 死刑 | 6.8 | 4.11 | 3 位 |

　出所：「World Values Survey Wave 7 (2017–2020) Results in % by country weighted by w_weight
　　　Study # WVS-2017 v2.0」より，筆者が作成。

　第1に，「同性愛」からみていこう。日本の平均値は6.71であり，絶対的な水準では，肯定的な意見に近いとみなされる。国際比較でも大きい順に6位に位置し，上位である。調査対象の欧米先進国，すなわち，ドイツ，カナダ，アメリカそれぞれの平均値も6点台から7点台であり，これらの国も上位に位置している。同性愛に否定的な国としては，ヨルダン，チュニジア，キルギスタン，ナイジェリアなどがあり，平均値は1点台の前半である。

　第2に，「妊娠中絶」については，日本の平均値は4.87であり，絶対的な水準では，否定的な意見に近いとみなされる。ただし，調査対象の国・地域で

　第6に,「夫が妻を叩くこと」についてみると,調査対象の国・地域の全体の平均値は1.8であり,世界的にみて,夫が妻を叩くことには否定的であるといえる。日本の平均値はそれより低い1.27であり,絶対的な水準でも,国際的にも,夫が妻を叩くことには否定的であるといえる。ちなみに,国際比較における日本の順位は大きい順に45位である。ドイツ,アメリカ,カナダの平均値も日本と同様に全体の平均値を下回る1点台であり,国際比較でも下位に属する。夫が妻を叩くことに対する否定度の弱い国としては,フィリピン,マレーシア,セルビアがあり,平均値は3点台である。

　第7に,「親が子を叩くこと」については,調査対象の国・地域の全体の平均値は2.84であり,世界の人々は親が子を叩くことには否定的であるといえる。日本の平均値はそれより低い1.3であり,国際比較の順位は大きい順位に50位である。したがって,日本は絶対的な水準でも,国際比較でも,親が子を叩くことに否定的であるといえる。ドイツ,アメリカ,カナダの平均値も日本と同様に全体の平均値を下回っている。親が子を叩くことに対する否定度の弱い国としては,ナイジェリアとミャンマーがあり,平均値は5を超えている。

　第8に,「他人に対する暴力」については,調査対象の国・地域の全体の平均値は1.94であり,世界の人々は他人に対する暴力には否定的であるといえる。日本の平均値はそれより低い1.31であり,国際比較の順位は大きい順位に49位である。したがって,日本は絶対的な水準でも,国際比較でも,他人に対する暴力に否定的であるといえる。調査対象の欧米先進国の中では,ドイツの平均値が日本と同じ1点台であるが,カナダとアメリカの平均値は2点台であり,絶対的な水準では低いものの,国際比較では,平均値が大きいほうに属する。他人に対する暴力に対する否定度の弱い国としては,フィリピン,マレーシア,ベトナム,セルビアがあり,平均値は3を超えている。

　第9に,「政治的暴力」については,調査対象の国・地域の全体の平均値は1.99であり,世界の人々は政治的暴力に否定的であるといえる。日本の平均値はそれより低い1.39であり,国際比較の順位は大きい順位に44位である。したがって,日本は絶対的な水準でも,国際比較でも,政治的暴力に否定的であるといえる。調査対象の欧米先進国の中では,ドイツの平均値が日本と同じ1

点台であるが，カナダとアメリカの平均値は2点台であり，絶対的な水準では低いものの，国際比較では，平均値が大きいほうに属する。平均値が3を超えている国としては，フィリピン，ベトナム，マレーシア，セルビアがある。

　第10に，「死刑」については，調査対象の国・地域の全体の平均値は4.11であり，世界の人は死刑に対して否定的な意見に近い。日本の平均値は6.8であり，世界の傾向とは異なり，日本は死刑に対しては肯定的な意見に近い。日本の国際比較の順位は大きい順位に3位である。したがって，日本は絶対的な水準でも，国際比較でも，死刑に対して肯定的な意見に近いといえる。調査対象の欧米先進国の平均値をみてみると，アメリカとカナダが5点を超えており，日本と同様に，国際比較で大きい順位に位置する。他方で，ドイツは2点台であり，国際比較でも下位に位置する。死刑に対して肯定的で，日本と同様に，平均値が6点台の地域・国として，台湾，イラン，エジプトがある。他方で，死刑に対する否定度の強い国として，エチオピア，キルギスタン，ルーマニア，ニカラグアなどがあり，平均値は2点台の前半である。

　公的規範と私的規範を分析した結果をまとめると，日本人は，不正や盗みなどのように公的規範に反する行為は是認しない傾向が強いといえる。他方で，同性愛や離婚のような私的領域に関する規範に対しては自由度が高いといえる。このような結論は，池田（2016）の第3章において2010年の調査結果を分析した谷口尚子の結論と同じである。日本において，個人が社会に受け入れられてもらうために，公的規範を遵守し，対人関係の維持に注力する必要があるが，他方で，私的な領域は息抜きのできる場になっており，その中での自由度は高いといえるだろう。かつての日本では，家の存続と発展が重視され，また，世間体もあって離婚は少なかった。現在でも，家庭の重要度は高いものの，たとえ家庭内であっても，夫婦関係が崩壊した状況では，離婚が双方にとってよい場合があり，また，第二次世界大戦後の個人重視の考え方の浸透や女性の経済力の上昇などを反映して，離婚に対する肯定的な立場の人が多くなっている。そして実際に離婚率も戦後に上昇傾向がみられた。

　妻，子，他人に対する暴力に対しては，日本人は否定的である。他者に暴力を加えないということは，それが社会の共通の規範となれば，自分も暴力を受けるリスクが減るので，安全や安心を重視する日本人にとっては，この規範は

重要であると考えられる。

　日本人は死刑に対して肯定的であるという結果が出たが，これについては，日本人が安全や安心に大きな価値を置いていることと整合的であると考えられる。公的規範に反した人に対しては，罰則は必要であり，他者や社会の安全や安心に対する大きな脅威に対しては，厳罰がふさわしいということになるだろう。

## 20.　若年の上司と高齢の上司

　2010 年の調査では，上司が若年である場合と高齢である場合それぞれについて，それを受け入れるかを尋ねた質問（問 53 と問 55）がなされている。池田（2016）の第 3 章において，稲増一憲がこれらの質問の結果を分析しているので，ここではそれを紹介しておこう。問 53 は，相応の資格をもった 30 歳の人が自分の上司となる場合に，自国では一般的にどう受け止められると思うかを尋ねた質問であり，回答は，「全く受け入れられない」の 1 から「完全に受け入れられる」の 10 までの 10 段階の整数から 1 つを選択である。したがって，数値が大きくなるほど，肯定の度合いが強くなることを意味する。

　稲増一憲によると，日本の回答の平均値は 6.3 である。絶対的な水準では，肯定的な意見に近い。ただし，日本の回答の平均値は 57 か国・地域中で大きい順に 48 位であり，国際比較では下位に位置する。57 か国・地域の全体の平均値は 7 であったので，相応の資格をもった 30 歳の人が自分の上司となることについては，国際比較の観点からは，日本は否定的な国の部類に属する。

　問 55 は，問 53 の 30 歳を 70 歳に代えた質問であり，相応の資格をもっているという前提で，上司が若年者と高齢者のときで，受容度に違いがあるかを比較できる。

　稲増一憲によると，上司が高齢者のときの日本の回答の平均値は 6.7 である。絶対的な水準では，肯定的な意見に近い。日本の回答の平均値は，57 か国・地域中で大きい順に 12 位であり，国際比較では上位に位置する。57 か国・地域の平均値は 6 であったので，相応の資格をもった 70 歳の人が自分の上司となることについては，国際比較の観点からみると，日本は肯定的である

といえる。

　問 53 と問 55 の回答を平均値の観点から比較してみると，調査対象の国・地域の全体では，相応の資格をもっているという前提の下で，高齢の上司（6点）よりも若年の上司（7点）のほうをより受容する傾向があるが，日本では逆に若年の上司（6.3点）よりも高齢の上司（6.7点）のほうをより受容する傾向がある。資格は同じでも，高齢のほうが心身の衰えがあると考えられるので，純粋に仕事の効率を考えると，若年の上司が望ましいと考えられる。高齢者が上司になることのメリットとしては，日本のように長期雇用を前提とすると，高齢者のほうが企業内の仕事の経験が豊富で，企業に長くいることでさまざまな部署の人に顔が利くということが考えられる。さらに，日本の企業のように数人以上の単位で仕事をしている場合には，個人の能力差が出にくいので，年齢を基準に管理職に就かせるほうが，誰もが昇進するチャンスがあり，後輩に先を越されることなく，全社員が安心して仕事に打ち込むことができるというメリットが考えられる。

　日本では，企業の純粋な生産効率よりも，企業内での良好な人間関係や安心できる労働環境の構築が重視されていると考えられる。そして，それが企業内での一体感を生み，それが企業の生産効率を高めている可能性もあるだろう。

## 21. マスメディア

　国の内外で起きていることを知るいくつかの情報源について，その利用頻度を尋ねている質問があるので，ここではその結果について考察してみよう。ここでは，情報源として「新聞」，「テレビニュース」，「インターネット」の 3 つを取り上げる。利用頻度を答える回答は，「毎日」，「週に 1 回程度」，「月に 1 回程度」，「月に 1 回より少ない」，「全くない」から 1 つを選択である。日本および 51 か国・地域全体の回答の分布は，表 36 から表 38 に示してある。

　第 1 に，「新聞」（表 36）からみてみよう。ここでは，回答の中で「毎日」に注目する。日本では，毎日の回答比率は 56.8% である。過半数の回答者が毎日の情報源として新聞を利用している。調査対象の国・地域全体では，毎日の回答比率が 19.3% であり，2 割弱である。国際比較では，日本は比率が大きい

表 36　問 201（情報源としての新聞の利用頻度）の回答の分布

| | サンプルサイズ | 毎日 | 週に1回程度 | 月に1回程度 | より少ない月に1回 | 全くない | わからない | 無回答 |
|---|---|---|---|---|---|---|---|---|
| 日本 | 1,353 | 56.8% | 9.5% | 3.4% | 5.6% | 23.5% | 0% | 1.3% |
| 51か国・地域の全体 | 76,897 | 19.3% | 16.5% | 9.5% | 14.3% | 39.5% | 0.4% | 0.5% |

出所：「World Values Survey Wave 7（2017-2020）Results in % by country weighted by w_weight
　　Study # WVS-2017 v2.0」より，筆者が作成。

表 37　問 202（情報源としてのテレビニュースの利用頻度）の回答の分布

| | サンプルサイズ | 毎日 | 週に1回程度 | 月に1回程度 | より少ない月に1回 | 全くない | わからない | 無回答 | 該当しない |
|---|---|---|---|---|---|---|---|---|---|
| 日本 | 1,353 | 89.1% | 6.7% | 0.8% | 0.9% | 1.7% | 0% | 0.7% | 0% |
| 51か国・地域の全体 | 76,897 | 62.0% | 17.5% | 5.6% | 5.7% | 8.6% | 0.2% | 0.3% | 0% |

出所：「World Values Survey Wave 7（2017-2020）Results in % by country weighted by w_weight
　　Study # WVS-2017 v2.0」より，筆者が作成。

表 38　問 206（情報源としてのインターネットの利用頻度）の回答の分布

| | サンプルサイズ | 毎日 | 週に1回程度 | 月に1回程度 | より少ない月に1回 | 全くない | わからない | 無回答 |
|---|---|---|---|---|---|---|---|---|
| 日本 | 1,353 | 59.4% | 11.5% | 2.4% | 2.5% | 22.2% | 0% | 1.9% |
| 51か国・地域の全体 | 76,897 | 44.9% | 11.9% | 4.9% | 5.3% | 31.1% | 0.8% | 1% |

出所：「World Values Survey Wave 7（2017-2020）Results in % by country weighted by w_weight
　　Study # WVS-2017 v2.0」より，筆者が作成。

　順に1位であり，国際的にみて，新聞が情報源としてあまり利用されていない中で，日本は新聞を情報源として利用している国として位置づけられる。調査対象の欧米先進国をみると，ドイツの回答比率は5割弱，アメリカとカナダは2割強である。

　第2に，「テレビニュース」（表37）をみてみよう。ここでも，回答の中で「毎日」に注目すると，日本では，毎日の回答比率は89.1%である。9割弱の回答者が毎日の情報源としてテレビを利用している。調査対象の国・地域全体では，毎日の回答比率は6割強であり，国際的にみても，テレビが情報源として利用されている。国際比較では，日本は比率が大きい順に1位であり，絶対

的な水準からも，国際比較からも，日本はテレビを情報源として利用している国として位置づけられる。調査対象の欧米先進国の回答比率をみると，ドイツが7割強，アメリカが5割強，カナダが5割弱である。

　第3に，「インターネット」（表38）をみてみよう。日本における毎日の回答比率は59.4％である。6割弱の回答者が毎日の情報源としてインターネットを利用している。調査対象の国・地域全体では，毎日の回答比率は44.9％である。国際比較では，日本は比率が大きい順に14位であり，国際的には上位の部類に位置づけられる。調査対象の欧米先進国をみると，カナダ（1位）とアメリカ（3位）が国際比較で上位に来ている。カナダにおける毎日の回答比率は7割強，アメリカのそれは6割強である。

　3つの情報源の利用頻度を先進国間で比較すると，日本とドイツはテレビニュースへの依存が高い一方で，アメリカとカナダはインターネットへの依存が高いといえるだろう。とりわけ，日本では，テレビへの接触頻度が高いが，テレビはマスメディアであり，多くの日本人はこれらのマスメディアから流される同一の情報を共有していると考えられる。それゆえ，日本人は，日本特有ともいえる社会規範を共有しているのに加えて，社会に関しても同じ情報を共有しており，社会規範と保有している情報の同質化が日本人の特徴であると考えられる。

　これまで，さまざまな情報源の利用頻度について考察してきたが，情報源の信頼度を尋ねている質問があるので，その結果を考察してみよう。インターネットについての信頼度の調査は実施されていなかったが，「新聞などの報道機関」と「テレビ」については，実施されているので，その結果をみていこう。質問は，どのくらい信頼しているかを尋ねたものであり，回答は，「非常に信頼する」，「やや信頼する」，「あまり信頼しない」，「全く信頼しない」から1つを選択である。日本および51か国・地域全体の回答の分布は，表39と表40に示してある。

　第1に，「新聞などの報道機関」に対する信頼度（表39）からみてみよう。「非常に信頼する」と「やや信頼する」の比率を合計した肯定的な回答の比率に注目してみると，日本のその比率は69.4％であり，回答者のほぼ7割が肯定的な回答である。国際比較では，肯定的な回答の順位は比率が大きい順に4位

表 39　問 66（新聞などの報道機関に対する信頼度）の回答の分布

| | サンプルサイズ | 非常に信頼する | やや信頼する | あまり信頼しない | 全く信頼しない | わからない | 無回答 |
|---|---|---|---|---|---|---|---|
| 日本 | 1,353 | 4.7% | 64.7% | 24.2% | 3.4% | 2.7% | 0.3% |
| 51 か国・地域の全体 | 76,897 | 8.3% | 32.% | 39.6% | 17.8% | 1.8% | 0.4% |

出所：「World Values Survey Wave 7（2017-2020）Results in % by country weighted by w_weight Study # WVS-2017 v2.0」より，筆者が作成。

表 40　問 67（テレビに対する信頼度）の回答の分布

| | サンプルサイズ | 非常に信頼する | やや信頼する | あまり信頼しない | 全く信頼しない | わからない | 無回答 |
|---|---|---|---|---|---|---|---|
| 日本 | 1,353 | 5.1% | 59.4% | 28.6% | 3.8% | 2.6% | 0.5% |
| 51 か国・地域の全体 | 76,897 | 9.7% | 34.1% | 39.4% | 15.5% | 0.9% | 0.4% |

出所：「World Values Survey Wave 7（2017-2020）Results in % by country weighted by w_weight Study # WVS-2017 v2.0」より，筆者が作成。

であり，上位に位置する。調査対象の国・地域全体では，肯定的な回答の比率が 40.3%，否定的な回答の比率が 57.4%であるので，国際的には否定的な回答のほうが上回っている。調査対象の欧米先進国をみると，カナダとドイツにおいて肯定的な回答の比率が 4 割前後で，国際比較でほぼ中位であるが，アメリカのそれは 3 割弱であり，下位の部類に属する。

　第 2 に，「テレビ」に対する信頼度（表 40）をみてみよう。肯定的な回答の比率に注目してみると，日本のその比率は 64.5%であり，回答者の 6 割強が肯定的な回答である。国際比較では，肯定的な回答の順位は比率が大きい順に 8 位であり，上位に位置する。調査対象の国・地域全体では，肯定的な回答の比率が 43.8%，否定的な回答の比率が 54.9%であるので，国際的には否定的な回答のほうが上回っている。調査対象の欧米先進国をみると，カナダとドイツにおいて，肯定的な回答の比率が 3 割台であり，国際比較で中位より下である。アメリカにおける肯定的な回答は 2 割強であり，国際比較で下位に位置する。

　以上のことから，絶対的な水準からも，国際比較の観点からも，マスメディアに対する信頼度は日本において高く，他方で，アメリカにおいて低いといえる[10]。

## 22. 政治に関する重要性，関心，信頼

　ここでは，政治に関わる質問を取り上げてみよう。具体的には，人生におい
て政治がどのくらい重要かを尋ねた問4，政治にどのくらい関心があるかを尋
ねた問199，政治的な立場が左か右かを尋ねた問240，政府をどのくらい信頼
しているかを尋ねた問71である。

表41　問4（人生における政治の重要度）の回答の分布

| | サンプルサイズ | 非常に重要である | やや重要である | あまり重要でない | 全く重要でない | わからない | 無回答 |
|---|---|---|---|---|---|---|---|
| 日本 | 1,353 | 15% | 49.3% | 27.1% | 4.1% | 3.5% | 1% |
| 51か国・地域の全体 | 76,897 | 14.8% | 30.3% | 33.8% | 20% | 0.6% | 0.5% |

出所：「World Values Survey Wave 7 (2017-2020) Results in % by country weighted by w_weight
　　Study # WVS-2017 v2.0」より，筆者が作成。

　第1に，人生における政治の重要度からみていくと，日本および51か国・
地域全体の回答の分布は，表41に示してある。日本における「非常に重要で
ある」と「やや重要である」の比率を合計した肯定的な回答の比率は64.3%で
あり，6割を超える回答者が政治を重要であると考えている。肯定的な意見の
国際比較での日本の順位は比率が大きい順に4位であり，国際的にも上位に位
置する。調査対象の国・地域の全体では，否定的な回答が過半数を超えている
が，調査対象の欧米先進国，すなわち，ドイツ，カナダ，アメリカでは，肯定
的な意見の比率が5割台から7割であり，過半数を超えている。

表42　問199（政治に対する関心度）の回答の分布

| | サンプルサイズ | 非常に関心がある | やや関心がある | あまり関心がない | 全く関心がない | わからない | 無回答 |
|---|---|---|---|---|---|---|---|
| 日本 | 1,353 | 9.8% | 50% | 32% | 5.8% | 1.8% | 0.6% |
| 51か国・地域の全体 | 76,897 | 10.9% | 33% | 31.3% | 24.2% | 0.3% | 0.3% |

出所：「World Values Survey Wave 7 (2017-2020) Results in % by country weighted by w_weight
　　Study # WVS-2017 v2.0」より，筆者が作成。

　第2に，政治に対する関心度をみてみよう。日本および51か国・地域全体

の回答の分布は，表42に示してある。日本における「非常に関心がある」と「やや関心がある」の比率を合計した肯定的な回答の比率は59.8％であり，ほぼ6割の回答者が政治に関心があると答えている。肯定的な意見の比率の国際比較での日本の順位は比率が大きい順に7位であり，国際的にも上位に位置する。調査対象の国・地域の全体では，否定的な回答が過半数を超えているが，調査対象の欧米先進国，すなわち，ドイツ，アメリカ，カナダでは，肯定的な意見の比率が6割強から8割弱である。

　問4と問199の分析結果から，日本を含めた先進国では，政治を重要と考え，政治への関心が高い人が多いといえるだろう。一般的に，日本人は政治の話をしたり，自分の政治的な立場を鮮明にすることを避ける傾向にあるが，問4と問199の分析結果は，日本人の多くが政治の重要性は認めており，政治に関心のある人も多いということを示している。そのような背景として，これまで各人の生活の基盤となって安心や安全の源泉となってきた家族や企業の役割の低下が影響している可能性がある。このような役割の低下を代替や補完するものとして期待されているのが政府である。従来と比べて，政府が社会保障政策などを通じて人々の生活に関与する度合いも高まっており，このような背景が調査結果に影響した可能性があるだろう。

表43　問240（政治的立場が左か右か）の回答の分布

| | サンプルサイズ | 1 | 2 | 3 | 4 | 5 | 6 | 7 | 8 | 9 | 10 | わからない | 無回答 |
|---|---|---|---|---|---|---|---|---|---|---|---|---|---|
| 日本 | 1,353 | 1.3% | 1.6% | 6.3% | 7.8% | 20.3% | 10.1% | 9.3% | 8.6% | 3.5% | 3.1% | 20.7% | 7.2% |
| 40か国・地域の全体 | 60,688 | 6% | 3% | 5.9% | 6.1% | 26.8% | 10.4% | 7.8% | 7.5% | 3.5% | 9.2% | 9.7% | 4.2% |

出所：「World Values Survey Wave 7 (2017-2020) Results in % by country weighted by w_weight Study # WVS-2017 v2.0」より，筆者が作成。

　第3に，政治的な立場が左（急進派・革新派）か右（保守派・穏健派）かを尋ねた回答分布をみてみよう。回答は1から10までの10段階評価であり，政治的な立場が左であるほど1を，右であるほど10を選択である。したがって，数値が高いほど，右寄りであることを意味する。中国などを除く40か国・地域全体および日本の回答の分布，回答の平均値を示したのが表43である。

日本の最頻値は回答の 20.7％を占める「わからない」であり，日本では，政治的な立場を保留している人が一定数存在する。「わからない」と「無回答」を合計すると，27.9％に達する。5 を選んだ回答は 20.3％であり，5 も最頻値とほぼ同じ比率である。

　10 段階評価では，政治的に中間の場合は 5.5 になるので，「わからない」を除く，最頻値の 5 からみると，日本は若干左寄りである。平均値に注目してみると，日本の数値は 5.75 であり，平均値からみると，日本は若干右寄りである。40 か国・地域全体の平均値は 5.66 であり，平均値でみた国際比較における順位では，日本は大きい順に 18 位である。それゆえ，国際比較では，日本はやや右寄りの部類に属する。調査対象の欧米先進国の平均値についてみると，アメリカ，カナダ，ドイツは国際比較でやや左寄りの部類に属し，5 から5 を少し超える範囲にある。

　日本の回答の分布は，「わからない」と「無回答」を除くと，5 を頂点として山型の分布をしており，5％の比率を超える回答は 3 から 8 の範囲におさまっている。それゆえ，日本では，政治的には極端な立場をとらない中間的な立場の人が多いと考えられる。また，日本では，「わからない」もしくは「無回答」の回答もかなりの比率で存在するので，政治的な立場が定まらない人がかなりの比率で存在すると考えられる。

表 44　問 71（政府に対する信頼度）の回答の分布

| | サンプルサイズ | 非常に信頼する | やや信頼する | あまり信頼しない | 全く信頼しない | わからない | 無回答 |
|---|---|---|---|---|---|---|---|
| 日本 | 1,353 | 3.2% | 36.7% | 42% | 10.1% | 7.5% | 0.6% |
| 50 か国・地域の全体 | 75,697 | 14.9% | 32.2% | 29.7% | 21.2% | 1.4% | 0.5% |

出所：「World Values Survey Wave 7 (2017-2020) Results in % by country weighted by w_weight Study # WVS-2017 v2.0」より，筆者が作成。

　第 4 に，政府に対する信頼度をみてみよう。日本および 50 か国・地域全体の回答の分布を示したのが表 44 である。日本における「非常に信頼する」と「やや信頼する」の比率を合計した肯定的な回答比率は 39.9％であり，「あまり信頼しない」と「全く信頼しない」の比率を合計した否定的な回答の比率は52.1％である。日本の回答では，否定的な回答の比率が肯定的なそれを上回っ

ている[11]。国際比較における日本の肯定的な回答の順位は比率が大きい順に28位であり，中位より若干下に位置する。調査対象の国・地域の全体および先進国のカナダ，ドイツ，アメリカも日本と類似の傾向にあり，否定的な回答の比率が肯定的な回答のそれを上回っている。

　なお，政府に対する信頼度において肯定的な回答の比率の高い国としては，中国（94.6％），ベトナム（92.9％），タジキスタン（89.2％）などがあり，逆に，否定的な回答の比率の高い国としては，グアテマラ（91.1％），ペルー（88.3％），コロンビア（88.1％）などがある。

## 23.　政治体制

　ここでは，民主主義を含めた政治体制に関わる質問を取り上げてみよう。まずはじめに，問248を取り上げる。問248は「国民が為政者に従順である」ことが民主主義の特性としてどの程度必須のものかどうかを尋ねた質問である。回答は「民主主義において必須でない」を1，「民主主義において必須である」を10とする10段階の整数から1つを選択である。したがって，数値が大きくなるほど，国民が為政者に従順であるということが民主主義に必須である度合いが高まることを意味する。

表45　問248（国民が為政者に従順であることが民主主義に必須か）の回答の分布

| | サンプルサイズ | 民主主義に反する | 1 | 2 | 3 | 4 | 5 | 6 | 7 | 8 | 9 | 10 | わからない | 無回答 |
|---|---|---|---|---|---|---|---|---|---|---|---|---|---|---|---|
| 日本 | 1,353 | | 33.9% | 8.9% | 10.3% | 3.9% | 8.4% | 3.7% | 1.6% | 1.2% | 0.7% | 1% | 23.7% | 2.7% |
| 51か国・地域の全体 | 76,897 | 0.8% | 12.4% | 4.6% | 5.6% | 5.5% | 14.8% | 8.9% | 9.3% | 9.8% | 6.4% | 18.2% | 2.6% | 1.1% |

出所：「World Values Survey Wave 7（2017-2020）Results in % by country weighted by w_weight Study # WVS-2017 v2.0」より，筆者が作成。

　51か国・地域全体および日本の回答の分布を示したのが表45である。日本の回答で特徴的なことは，「わからない」の比率が23.7％を占めており，国際的に突出して高いことである。この質問に限らず，日本の回答では，判断が難しい質問に対しては，「わからない」と回答する人が一定数存在する傾向がみ

られる。回答における 1 から 10 までの選択肢を選んだ日本の平均値は 2.71 である。日本は絶対的な水準でみて為政者に従順であることが民主主義に必須であるとみなすことに同意しない人が多いといえる。日本の平均値は，調査対象の国・地域全体の平均値の 5.93 と比較しても小さな数値であり，国際比較の順位でも大きい順に 50 位である。国際比較においても，日本は下から 2 番目であり，為政者に従順であることが民主主義に必須であるとみなしていない国として位置づけられるであろう。

　国際比較で上位に位置する国は，ミャンマーやエチオピアなどであり，これらの国では平均値が 8.5 を超えている。調査対象の欧米先進国をみてみると，ドイツの平均値は日本より低い 2.34 であり，国際比較で最下位（51 位）である。カナダとアメリカの平均値は 5 点強であり，国際比較では中位よりやや下に位置する。

　問 248 の分析結果から，日本の国民は民主主義を通じて国民が為政者を選んだとしても，国民が為政者に従順である必要はないと考える傾向が強いといえる。他方で，外国では，日本とは逆に，国民が為政者に従順であるという考えに肯定的な国が多いが，その理由としては，日本のような社会規範をもたない国では，強力なリーダーシップをもった為政者が国民を従わせないと，国がまとまらないという事情もあるだろう。

　次に，政治体制に関わる質問，すなわち，問 235 から問 239 を取り上げる。これらの質問はさまざまな政治体制それぞれについて，それが自国の政治体制としてよいか悪いかを答えてもらうものである。取り上げられている政治体制は，問 235 が「議会や選挙に煩わされない強い指導者による政治」，問 236 が「政府でなく，熟練の専門家が自国に最善と考える方法に従って物事を決めていく政治」，問 237 が「軍事政権」，問 238 が「民主的な政権」，問 239 が「政党や選挙のない宗教法による統治」である。回答は「非常によい」，「ややよい」，「やや悪い」，「非常に悪い」から 1 つを選択である。

　第 1 に，強い指導者による政治がよいか悪いかについての回答結果からみてみよう。日本および 51 か国・地域全体の回答の分布を示したのが表 46 である。日本の回答をみると，「わからない」の比率が 15.2％であり，判断保留の人が一定数存在する。「非常によい」と「ややよい」の比率を合計した肯定的

表 46　問 235（強い指導者による政治）の回答の分布

| | サンプルサイズ | 非常によい | ややよい | やや悪い | 非常に悪い | わからない | 無回答 |
|---|---|---|---|---|---|---|---|
| 日本 | 1,353 | 6.1% | 21.1% | 26% | 31.1% | 15.2% | 0.5% |
| 51 か国・地域の全体 | 76,897 | 19.4% | 29.6% | 23% | 22.2% | 4.8% | 1% |

出所：「World Values Survey Wave 7 (2017-2020) Results in % by country weighted by w_weight Study # WVS-2017 v2.0」より，筆者が作成。

な回答の比率は 27.2%，「やや悪い」と「非常に悪い」の比率を合計した否定的な回答の比率が 57.1% である。否定的な回答が 6 割弱であり，多数を占めている。否定的な回答の比率の順位を国際比較でみてみると，日本は比率が大きい順に 16 位であり，国際比較でも上位の部類に属する。他方で，調査対象の国・地域の全体では，肯定的な回答の比率（49%）が否定的な回答の比率（45.2%）を上回っており，タイとベトナムでは，肯定的な回答の比率が 8 割を超えている。調査対象の欧米先進国をみてみると，日本と同様に否定的な回答の比率が多数を占めており，カナダ，ドイツ，アメリカは 6 割から 7 割以上が否定的な回答である。

表 47　問 236（熟練の専門家による政治）の回答の分布

| | サンプルサイズ | 非常によい | ややよい | やや悪い | 非常に悪い | わからない | 無回答 |
|---|---|---|---|---|---|---|---|
| 日本 | 1,353 | 5% | 33.6% | 25.1% | 14.9% | 20.7% | 0.7% |
| 51 か国・地域の全体 | 76,897 | 19.1% | 37.4% | 23.9% | 12.8% | 5.7% | 1% |

出所：「World Values Survey Wave 7 (2017-2020) Results in % by country weighted by w_weight Study # WVS-2017 v2.0」より，筆者が作成。

　第 2 に，熟練の専門家による政治がよいか悪いかについて，日本および 51 か国・地域全体の回答の分布を示したのが表 47 である。日本の回答をみると，「わからない」の比率が 20.7% であり，判断保留の人が約 2 割である。「非常によい」と「ややよい」の比率を合計した肯定的な回答の比率は 38.6%，「やや悪い」と「非常に悪い」の比率を合計した否定的な回答の比率が 40% である。否定的な回答がやや上回るものの，肯定的な回答とほぼ拮抗している。調査対象の国・地域の全体では，肯定的な回答の比率（56.5%）が否定的な回

答の比率（36.7%）を上回っており，グアテマラ，ベトナム，マレーシアで
は，肯定的な回答の比率が8割弱から8割である。調査対象の欧米先進国をみ
てみると，カナダとアメリカでは，肯定的な回答の比率が5割強であり，ドイ
ツでは否定的な回答が6割弱である。

表48　問237（軍事政権）の回答の分布

| | サンプルサイズ | 非常によい | ややよい | やや悪い | 非常に悪い | わからない | 無回答 |
|---|---|---|---|---|---|---|---|
| 日本 | 1,353 | 0.3% | 1.6% | 12.3% | 73.4% | 11.5% | 0.8% |
| 49か国・地域の全体 | 75,697 | 9.8% | 19.6% | 25.8% | 36.4% | 4% | 4.5% |

出所：「World Values Survey Wave 7 (2017-2020) Results in % by country weighted by w_weight Study # WVS-2017 v2.0」より，筆者が作成。

　第3に，軍事政権がよいか悪いかについて，49か国・地域全体の回答の分
布を示したのが表48である。日本の回答をみると，「わからない」の比率が
11.5%である。「非常によい」と「ややよい」の比率を合計した肯定的な回答
の比率はわずかに1.9%であり，「やや悪い」と「非常に悪い」の比率を合計
した否定的な回答の比率が85.7%である。日本では，否定的な回答が多数で
ある。調査対象の国・地域の全体でも，否定的な回答の比率（62.2%）が肯定
的な回答の比率（29.4%）を上回っている。他方で，肯定的な回答の多い国と
しては，ベトナムとミャンマーがあり，肯定的な回答の比率が7割を超えてい
る。ドイツ，カナダ，アメリカは，日本と同様の傾向であり，否定的な回答が
8割弱から9割以上を占めている。

表49　問238（民主的な政権）の回答の分布

| | サンプルサイズ | 非常によい | ややよい | やや悪い | 非常に悪い | わからない | 無回答 |
|---|---|---|---|---|---|---|---|
| 日本 | 1,353 | 42.6% | 38.1% | 4% | 1.9% | 12.6% | 0.7% |
| 51か国・地域の全体 | 76,897 | 45.1% | 36.9% | 8.8% | 4.3% | 3.9% | 1% |

出所：「World Values Survey Wave 7 (2017-2020) Results in % by country weighted by w_weight Study # WVS-2017 v2.0」より，筆者が作成。

　第4に，民主的な政権がよいか悪いかについて，日本および51か国・地域
全体の回答の分布を示したのが表49である。日本の回答をみると，「わからな

い」の比率が 12.6％である。「非常によい」と「ややよい」の比率を合計した
肯定的な回答の比率が 80.7％であり，「やや悪い」と「非常に悪い」の比率を
合計した否定的な回答の比率が 5.9％である。日本では，肯定的な回答が多数
を占め，否定的な回答は少ない。調査対象の国・地域の全体でも，肯定的な回
答の比率（82％）が否定的な回答の比率（13.1％）を上回っている。ドイツ，
カナダ，アメリカも，日本と同様の傾向であり，日本以上に肯定的な回答が多
数を占めている。

表 50　問 239（宗教法による統治）の回答の分布

| | サンプルサイズ | 非常によい | ややよい | やや悪い | 非常に悪い | わからない | 無回答 |
|---|---|---|---|---|---|---|---|
| 日本 | 1,353 | 0.4% | 1% | 10.1% | 73.9% | 14.1% | 0.5% |
| 51 か国・地域の全体 | 76,897 | 10.5% | 20.1% | 27.7% | 34.6% | 5.9% | 1.1% |

　　出所：「World Values Survey Wave 7（2017–2020）Results in % by country weighted by w_weight
　　　　Study # WVS–2017 v2.0」より，筆者が作成。

　第 5 に，宗教法による統治がよいか悪いかについて，日本および 51 か国・
地域全体の回答の分布を示したのが表 50 である。日本の回答をみると，「わか
らない」の比率は 14.1％である。「非常によい」と「ややよい」の比率を合計
した肯定的な回答の比率が 1.4％であり，「やや悪い」と「非常に悪い」の比率
を合計した否定的な回答の比率が 84％である。日本では，否定的な回答が多
数を占め，肯定的な回答はわずかである。調査対象の国・地域の全体では，肯
定的な回答の比率が 30.6％であり，否定的な回答の比率が 62.3％である。国際
的にみると，肯定的な回答が多数を占める国・地域が一定数存在している。イ
ランでは肯定的な回答が 8 割弱であり，パキスタンとフィリピンでは，それが
6 割強を占める。調査対象の欧米先進国をみてみると，ドイツ，カナダ，アメ
リカも，日本と同様の傾向であり，否定的な回答が多数を占める。

　問 248 および問 235 から問 239 の結果から，日本人の多くは，民主主義制度
を概ねよい制度と考えているものの，国民は為政者に対して従順である必要は
ないと考えている[12]。

## 24. 戦争

「戦争は望まないものの，戦争になったとしたら，自国のために戦うか」を尋ねた質問がなされているので，その結果をみてみよう。日本および51か国・地域全体の回答の分布を示したのが表51である。回答は「はい」と「いいえ」から1つを選択である。

表51　問151（自国のために戦う）の回答の分布

| | サンプルサイズ | はい | いいえ | わからない | 無回答 |
|---|---|---|---|---|---|
| 日本 | 1,353 | 13.2% | 48.6% | 38.1% | 0.2% |
| 51か国・地域の全体 | 76,897 | 67.5% | 27.1% | 4.3% | 1.2% |

出所：「World Values Survey Wave 7 (2017-2020) Results in % by country weighted by w_weight Study # WVS-2017 v2.0」より，筆者が作成。

　日本の回答をみると，「わからない」の比率は38.1％であり，国際的にみても，突出して高い。日本における「はい」の比率は1割強（13.2％）であり，「いいえ」の比率は5割弱（48.6％）である。日本の肯定的な回答の国際比較における順位は，比率が大きい順に最下位の51位であり，日本は自国のために進んで戦おうとする人が最も少ない国として位置づけられる。

　調査対象の国・地域の全体では，肯定的な回答の比率（67.5％）が否定的な回答の比率（27.1％）を上回っており，世界的にみると，戦争になったら，自国のために進んで戦うという人が多数派である。日本のように，否定的な回答の比率が肯定的な回答の比率を上回る国・地域は日本を含めて6つである。アメリカに注目してみると，アメリカでは肯定的な回答と否定的な回答の比率がほぼ6対4となっている。

　日本では，自国のための戦争に対して，肯定的な意見よりも否定的な意見が多いが，これについては，敗戦の経験や戦争放棄の憲法などを学ぶことなどによる反戦教育によって育まれた意識，すなわち，たとえ自国のためであれ，戦争自体がよくないという意識の現れであると考えられる。また，安心や安全を得るために，人との対立や軋轢をできるだけ避けるべきであるという日本人の社会規範を反映している可能性もある。

　なお，判断不能・判断保留の回答も多いことについては，戦争はよくないと

いう意識がある一方で，自国民であることに誇りをもっている国民も多いので，戦争否定と戦争肯定の間で判断しきれなかったものと考えられる。

## 25. 社会に対する考え

　社会に対する考えを尋ねている質問があるので，それをみていこう。それは問 42 であり，社会に対する考えとして，どれが自分の考えに最も近いかを三択で選んでもらう質問である。選択肢は「社会は革命的な行動によって急進的に変化すべきである」，「社会は改革を通じて漸進的に変化していくべきである」，「社会は破壊的な力から果敢に守られるべきである」の 3 つである。

表 52　問 42（社会に対する考え）の回答の分布

| | サンプルサイズ | 急進的な変化 | 漸進的な変化 | 力破壊的な力からの防衛 | わからない | 無回答 |
|---|---|---|---|---|---|---|
| 日本 | 1,353 | 5.9% | 59.3% | 15.9% | 18.4% | 0.4% |
| 51 か国・地域の全体 | 76,897 | 17.8% | 62.9% | 16.1% | 2.1% | 1% |

　　出所:「World Values Survey Wave 7 (2017-2020) Results in % by country weighted by w_weight
　　　　Study # WVS-2017 v2.0」より，筆者が作成。

　日本および 51 か国・地域全体の回答の分布を示したのが表 52 である。日本の回答で特徴的な点は，「わからない」の回答が多いことである。日本では，この回答の比率が 2 割弱を占めており，突出して高いが，他の国・地域ではその比率が 1 桁以下である。日本では，「わからない」の回答が多いので，それを回答に含めると，他の選択の比率が小さく出る可能性がある。

　日本では，「急進的な変化」を選んだ回答は約 6% であり，絶対的な水準において低いが，国際比較における順位でも，この回答比率は比率が大きい順に49 位であり，最下位に近い位置である。調査対象の先進国では，アメリカがこの回答の比率が 1 割強であるが，この比率が高い国・地域でも，この比率が4 割を超えているところはない。キルギスタン，レバノン，ペルーが 3 割を超えているが，いずれの国も政府の腐敗などの政情不安の問題を抱えており，それが調査結果に影響した可能性がある。

　日本の回答では，調査対象の国・地域と同様に，「漸進的な変化」が多数を

占めており，回答者の約6割がこの考えである。この回答の多い国・地域は，台湾，マカオ特別行政区，中国であり，いずれも8割を超えている。

「破壊的な力からの防御」を選んだ日本の回答は約16%である。多くの国・地域はこの比率が1割台かそれ以下である。この比率が高い国としては，4割を超えるイラン，3割を超えるミャンマー，ウクライナがある。イランはアメリカと対立しており，ミャンマーは政治に対する軍隊に影響力が強く，ウクライナはロシアによるクリミア併合を経験している。これらのことが結果に影響しているかもしれない。日本において，この回答が少ないのは，現状の日本が破壊的な力にさらされているわけではないと多くの人が認識しているためだと思われる。

問42の結果から，日本の回答において，判断保留・不能が一定数存在するものの，漸進的な改革を望む人が多数派であり，急進的な変化を望む人は少ないといえるだろう。日本人は，リスクをともなうような大きな変化は望まず，安全や安心を重視するので，安定した成功が期待できる漸進的な改革を望む人が多いと考えられる。

## 26. 池田謙一による第6回調査のまとめ

これまで，2017年から2020年に調査された第7回「世界価値観調査」の結果を中心に報告してきたが，池田（2016）の終章において，池田謙一は，2010年に実施された第6回「世界価値観調査」から得られた結果をまとめている。第7回調査の結果は，第6回調査と類似した傾向があるので，ここでは，池田謙一によるまとめを取り上げてみよう。

池田謙一は，私的生活に関する日本人の考え方の特徴として，以下の3点を指摘している。すなわち，第1に，安全性への脅威やリスクをとても嫌う。伝統に重きを置かず，裕福や権勢を求めず，享楽重視の生活に惹かれず，冒険やリスクを嫌い，安全第一主義が自由の実感を奪っている。第2に，働くことに大きな価値を置いている。「将来，働くことが重要でなくなる」という意見をひどく嫌い，近未来における権威や権力の尊重という変化もひどく嫌う。第3に，集団主義志向は認められず，個人行動の私的規範は自由だが，他方で社会

の「しがらみ」を強く感じる。以上のことから，池田謙一は，日本人は，安全優先，働く意欲旺盛，人間関係不自由，チャレンジ精神は強調せず，しがらみを感じつつ，淡々と人生を送ると論じている。

このような指摘に対して，その理由として筆者が考えたことは，以下のとおりである。欧米人にとっては，自由はプラスのものである。ただし，自由であることは，自分自身で意思決定をしなければならず，その責任を自分自身が負わなければならないことを意味する。したがって，自分で意思決定することが精神的な負担になり，自分で意思決定をしたときの失敗を回避したいと強く願う人にとっては，自由が苦痛になる場合がある。日本人には，このような傾向が強いと考えられる。日本人にとって，自由が少ないとしても，それを補う見返りがある場合には，そのような社会は居心地がよい社会である。中根（1967）が指摘しているように，日本では，企業などの所属集団においては，構成員間で互いに配慮し合うことで，情緒的なつながりが生じるので，一体感や安心感を得られる。自分の仕事に自分の役割や存在意義を見出し，仕事に精を出すことで，所属集団内でも承認され，尊重される。所属集団以外との関係でも，他人に迷惑をかけないという自己抑制的な共通の規範を守ることで，互いにトラブルに巻き込まれるリスクを低下させることで安全，安心，安定を得ることができる。

また，公的生活や公的事象へのスタンスに関する日本人の特徴として，池田謙一は以下の3点を指摘している。第1に，公的規範に背く行為は許容しない（公的ルールは守るべき），第2に，私的規範に背く行為は許容する（個人の問題には介入しない），第3に，公的事象への意見保留の傾向が大きく，意見表明により市民社会を担う意識が低いである。

このような指摘に対して，その理由として筆者が考えたことは，以下のとおりである。日本人が公的ルールを守るのは，日本人の多くがこのような行動をとることで，互いに予期しない被害を受けることを回避できるからである。日本人が個人の問題に介入しないのは，相互不可侵の暗黙の了解が成立することで，互いに余計なトラブルに巻き込まれるリスクを減らせるからである。それよって，日本人が重視する安全や安心が確保される。

公的事象への意見表明を控えるのは，日本では，それを行うことで社会に影

響力を与えて，権力を得ようとしているのではないかという疑念を発生させる可能性があり，また，自分の意見を鮮明にすることで，それとは違う意見の人との軋轢や反感を買う可能性が生じる。これらは，人間関係においてマイナスに働くリスクが生じるので，それを避けるために，日本人は公的事象への意見表明を控えていると考えられる。

　池田謙一は，経済や政治に対する日本人の考え方の特徴として，次の点を指摘している。第1に，競争を支持しつつも，再分配や福祉の充実など，国の役割を大きく認識している。第2に，日本人は民主的に統治されていると考えているが，政治に対して「わからない」の回答が多い。権威主義志向は低く，平等と権利のバランスをとろうとし，強力なリーダー，テクノクラート，軍事独裁により政治は望まず，戦争を非常に嫌がる。そして，最後に，池田謙一は，日本人はどこへ向かうかわからないドライバーのバスに乗っているようなものであるが，傍観者的な態度は克服すべきであり，グローバルな競争と共生につなげるためには，異質な人にも寛容で，文化・芸術を大切にし，科学技術の水準を高めていく必要があると結論している。

　このような指摘に対して，その理由として筆者が考えたことは，以下のとおりである。現在の日本において，自分が所属する家族や企業が依然として安全，安定，安心の主たる源泉となっているものの，欧米型の個人重視の価値観の影響もあり，家族規模の縮小や非正規雇用の増加などによって，家族や企業が提供してきた安全，安定，安心の機能が低下しつつある。この低下を補う役割を期待されるのが国（政府）である。それゆえ，多くの日本人は，市場経済の体制は保持しつつ，政府に安全，安定，安心の役割を果たしてもらいたいと考えているだろう。政治に関しては，河合（1999）が指摘しているように，日本は，中心（リーダー）をもたない中空構造をもっており，争いを避け，バランスをとろうとする。それゆえ，日本人は，自分が中心に入ろうとしないし，他人もそうしないだろうという共通規範をもっており，幼少期からそのような規範を叩き込まれる。リーダーになる人は，周りの人から推されるなどしてなる場合が多いが，そのような場合も含めて，人はある地位につけば，それぞれの地位に応じて，それにふさわしい行動をとるものであり，少なくとも他人に対して大きな危害を加えるような行動はとらないだろうと日本人の多くは考え

ている。このような日本に特有の社会規範が政治に対する傍観的な態度に現れ
たと解釈することができる。

　ただし，池田謙一が結論づけたように，日本は国としてどのような方向に行
くかわからない不透明さを抱えており，とりわけ時代が大きな変革期にあり，
国としての大きな方向性を示さなければいけないときには，強力なリーダー
シップを容認しにくい日本社会は，それにうまく適合できない可能性がある。
さらに，グローバル化の下では，日本の社会規範とは異なる考え方をする外国
（外国人）と付き合っていかなければならず，外国人が日本人と同じ社会規範
をもっているという前提で付き合うと，日本人が損害を受けたり，両者の間で
軋轢を生じさせる大きな原因となる可能性が強い。したがって，日本人が外国
人と付き合う際には，外国人が日本人と違う考え方をすることを理解し，その
ことを前提とした行動をとっていくことが重要になるであろう。

注
1　人生の自由度についての時系列分析は，電通総研と同志社大学によって行われ，その結果が
　2020 年 3 月 26 日にニュースリリースとして発表された。それによると，回答の選択肢の 10 段階
　評価の 1 から 5 までの回答を「自由にならない」とし，6 から 10 までの回答を「自由になる」と
　みなすとき，2019 年の調査の結果は 2010 年のそれと比べて，「自由になる」の回答比率が増加
　（50.0％から 58.4％へ上昇）し，「自由にならない」の回答比率が減少（43.9％から 38.1％へ低下）
　する傾向がみられ，年齢階層別では，年齢が行くほど，「自由になる」の回答比率が上昇し，「自由
　にならない」の回答比率が低下する傾向がみられた。したがって，日本においても個人の自由を重
　視する欧米型の価値観への接近を確認することができると論じている。ただし，本文で述べたよう
　に，国際比較では，平均値が最下位に近い水準にあるので，現状において，日本人は，日本以外の
　国々に住む人たちが感じている以上の不自由さを感じているといえるだろう。
2　日本が欧米先進国と比べて男性優勢の考えに対して肯定的であること，言い換えれば，ジェン
　ダー平等の意識が弱いことについての理由については，第Ⅲ部の本編で論じる。
3　問 43 の質問に関しては，電通総研と同志社大学が時系列分析を行い，その結果を 2020 年 3 月
　26 日にニュースリリースとして発表した。それによると，日本において「働くことがあまり大切
　でなくなる」に対する意識に変化がみられた。2019 年の調査の結果は 2010 年のそれと比べて，「よ
　いことである」の回答の比率が増加（5.4％から 10.4％へ上昇）し，「気にしない」の回答の比率が
　増加（15.7％から 32.2％へ上昇）し，「悪いことである」の回答の比率が増加（77.3％から 56.6％
　へ低下）し，年齢階層別では，年齢が低下するほど，「よいことである」と「気にしない」の回答
　の比率が増加し，「悪いことである」の回答の比率が減少する傾向がみられた。したがって，時系
　列的には，日本人の労働に対する考え方が欧米型に接近しているといえる。ただし，いずれの年齢
　階層においても「悪いことである」の回答の比率は「よいことである」のそれを上回っているの
　で，現状においては，労働に対する日本人の基本的な考え方自体が大きく変化したとはいえないで
　あろう。
4　日本人の労働観については，第Ⅲ部の本編で論じる。
5　日本人が権威や権力の尊重を嫌う傾向があることの理由については，日本人の権力観を考察して

いる第Ⅲ部の本編で論じる。

6　日本において政府に求められている役割と政府が抱えている問題については，第Ⅲ部の本編で論じる。

7　いじめの問題も同じ構造である。周りの人たちにある人をいじめる流れができてしまうと，それが悪いことであると思っていても，それを指摘したり，いじめられた側に立つと，今度は自分が周りの人から排除され，いじめられる側になる可能性が高いので，結局，黙ってみているか，いじめる側に加担することになる。周りの空気を読むという人間関係を重視する日本人のもつ社会規範は，正義や個人の権利に価値を置かないので，いじめを生んだり，それを助長する可能性を内包している。

　　なお，日本が戦争に突入し，戦争から手を引けなかったのも，同じ構造である。日本人がもつような社会規範をもつ人たちが集団行動を行うと，あることが契機になり，戦争への流れが社会にできてしまうと，個人がその流れに逆らうのはほぼ不可能であろう。

8　問20を含め，他の問においても，日本では「わからない」の回答の比率が多いという傾向がみられるが，これには日本の国民性が大きく影響していると考えられる。これに関しては，第Ⅲ部の本編において，その理由について論じる。

9　日本人の人に対する信頼度と人付き合いについては，第Ⅲ部の本編で論じる。

10　日米間でマスメディアへの信頼度に違いが生じている理由については，第Ⅲ部の本編で論じる。

11　問71の調査結果から，日本において政府に対する信頼度は高いとはいえないという結果が得られた。このような結果が得られた理由については，第Ⅲ部の本編で論じる。

12　日本人は，民主主義制度を概ねよい制度と考えているものの，国民は為政者に対して従順である必要はないと考える傾向にある。この理由については，第Ⅲ部の本編において論じる。

# Ⅲ．本　編

　第Ⅰ部では，日本人と日本社会について扱った文献を概観することで，理論的な考察を行い，第Ⅱ部では，「世界価値観調査」のデータに基づき，国際比較の観点も加味して，日本人と日本社会についての実証的な考察を行った。第Ⅲ部では，これまでの理論的な考察と実証的な考察を踏まえて，日本人と日本社会について，家族，企業，政府（政治，公共政策），経済の観点から，さらなる考察を行い，最後に，本書で得られた知見に基づき，日本人と日本社会についての要点を示すことにしたい。

# Ⅲ－Ⅰ．日本における家族

## 1．人に対する信頼度と人付き合い

　第Ⅱ部の実証分析によると，人に対する信頼度において，日本は他国と違う傾向がみられた。人に対する信頼度の違いは，家族や企業などにおける人付き合いを規定すると考えられる。ここでは，第Ⅱ部の調査結果を踏まえて，家族，職場，その他の領域における日本人の人付き合いについて考察していくことにしよう。

　第Ⅱ部の実証分析によると，日本では，家族に対する信用度が特に高く，個人的な知り合いに対する信用度も高い。日本人は直接的に接する人に対して，接する回数や時間によって濃淡はあるものの，その人への配慮や気配りを通じて良好な人間関係，そしてそこから発生する信頼関係を築こうとする。とりわけ，日本人にとって，家族，職場の人たち，知り合いは，生活圏に属する人たちであり，そこで接する人たちとは，長期的で固定的な関係が生じるので，このような関係においては，互いに対立を避け，信頼関係を構築することが互いにとってプラスになる。逆に，信頼関係が築かれているからこそ，長期的で固定的な関係が成り立っているともいえる。

　他方で，第Ⅱ部の実証分析によると，日本人は初対面の人に対して信用度が低く，自分と異なる宗教や国籍の人に対しても信用度は低い。相手がどのような人かわからない状況では，その人と関わることで，損害を受ける可能性が生じる。第Ⅱ部の実証分析から，日本人はリスク回避の傾向が強いが，リスク回避の傾向の強い日本人としては，よくわからない相手を信用することはできないであろう。ただし，生活圏の範囲を超えたこのような人たちとも接していかなければならない。その際に，もっと労力をかけずに済み，損害を受けるリス

クを回避できる方法が，互いに相手の存在を尊重し，相手の弱みにつけ込むような行動や対立を生むような行動を避けることである。このような行動の1つが「場の空気を読む」ということである。日本では，互いに他者を尊重し，他者に配慮するというような社会規範が成立していると考えられるが，そのような社会規範が成立しているのは，その前提として，日本人が安心や安全に大きな価値を置いているからだと考えられる。日本人が安心や安全に大きな価値を置いていることは，第Ⅱ部の実証分析から明らかになっている。

　日本では，生活圏以外の人たちに対しては，直接的に接する人と同じような信頼関係は構築できないものの，一定の距離をとりながらも，生活圏以外の人たちの存在を尊重すべきであること，そしてこれらの人たちをだましたり，これらの人たちとの間でトラブルを起こすべきではないことなどが社会規範として多くの日本人に共有されており，それが日本人の特徴になっていると考えられる。

　日本人の特徴的な行動と考えられる具体例としては，人前で騒がない，時間に遅れない，約束を守る，落し物は届ける，列には並ぶ，粗悪品や不良品は売らない，心を込めたサービスを提供するなどがある。このような行動をとるためには，それなりの労力も発生するが，自分を含めて日本人の大多数がこのような社会規範を共有していれば，よく知らない相手も，このような行動をとると考えられるので，自分もよく知らない相手から損害を受けずに済む。その意味で，日本の社会規範は一種の保険的な機能を果たしていると考えられる。

　人前で騒いだり，時間に遅れたり，約束を守らなかったり，落とし物をとったり，列に横入りしたり，粗悪品を売ったり，手抜きのサービスを提供することで，それを行う側は利益を得る可能性があり，それをされた側は損害を被ることになる。日本の社会規範は常に，抜け駆けによって利益を得る可能性があるので，日本の社会規範は常に存続の危機にさらされることになる。それでは，抜け駆けで利益を得る可能性があるにもかかわらず，なぜ日本では抜け駆けが抑制されているのだろうか。抜け駆けの歯止めに大きな役割を果たしているのが，世間体の圧力である。Benedict（1946）は，日本人は常に世間体を気にすると指摘したが，子どものころから，家庭でのしつけや学校での教育を通じて他人への配慮を叩き込まれており，それができない場合には，社会に受け

入れてもらえず，社会から非難を受け，仲間外れのような扱いを受けるリスクがあるので，日本人は日本に特徴的な社会規範に従っていると考えられる。

　世間体の圧力にさらされながら，日本人は，日本人に特徴的な行動をとらなければならないという制約を受けることになるが，このような不自由さは一種の保険料であり，その対価として，生活圏以外の領域においても，安全や安心が保障されるという果実を得ることができる。社会からの圧力や不自由さというデメリットがありながらも，日本人に特有な社会規範が長期にわたり持続しているのは，それを上回るメリット，すなわち，社会で暮らしていくうえで，第三者から損害を受けるリスクを減らすことができ，安全で安心が保障されるという点が大きいであろう。とりわけ，安全や安心を重視し，リスク回避志向の強い日本人にとっては，このメリットは大きいであろう。日本人は，信頼関係が構築できていない人と接する不確実な状況下では，まずは損害を受けないようにしたいというリスク回避を優先させて，保険的な機能をもつ社会規範が成立したと考えられる。

　日本人は世間体を気にするという Benedict（1946）の指摘に言及したが，このような社会規範の根底に，武士道の徳が影響している可能性がある。具体的には，卑怯なことをしないという「義（正義）」，誠実に生きるという「誠」，そして自分や家族（一族）の名を汚すような行為は行わないという「名（名誉）」などである。このような徳に沿った行動は，社会からよい評価を得られるので，それが日本の社会規範に付随する不自由さを軽減させたと考えることもできるだろう。

## ２．なぜ家父長制だったのか

　日本の家族を考える上で，過去において日本の家族を特徴づける制度であった家父長制に言及しておく必要があるだろう。ここでは，家父長制を取り上げることにしたい。

　日本では，第二次世界大戦以前までは，家父長制が存在していた。家父長制は，男性による女性に対する支配を許す制度として批判を浴びている。しかし，ある制度が長期にわたり存続してきたとすれば，それには一定の合理性が

あるはずであり，まず，それについて考察してみよう。

　家父長制の究極の目的を「家の存続」と考えるならば，家父長制は効率的であるといえる。家を存続させるには，跡継ぎを残すことが最も重要であり，跡継ぎを確保し，そこに資源を投入することが重要である。家族内で後継ぎ争いをしないように，ルールを決めておくことが重要であり，早めに確保したほうがよいので，長男が選ばれたと考えられる。跡継ぎは，女性でもよいとも考えられるが，一般的に男性のほうが女性より体力があり，進化の過程で，女性が出産と育児を担当し，男性が家庭の外で食料を調達してきたので，対外的に家を代表しているのは男性とみなされて，跡継ぎが男性になったのかもしれない。そして，子どもを産めるのは女性だけなので，女性に確実に後継ぎとなる子どもを産んでもらうために，女性には早い年齢からの結婚・出産が求められたと考えられる。子孫を確実に残すためには，確実に結婚させることが必要であり，それを担保し，さらに，結婚後の家族内の融和を図るために，結婚相手は両家の親が決めていた。家を存続させ，家を繁栄させる，すなわち，家の財産を維持・拡大していくためには，子孫を残すことに加え，できる限り家族の生産性を高めること，すなわち，所得を最大化する必要がある。生産性を高めるために，最も効率的なことは家族構成員がそれぞれの得意分野に特化して分業を行うことである。そこで，体力が相対的に優れている男性が外の仕事に専念して，家族全体を扶養するという役割を担い，女性（妻・母）が家における家事・育児（介護）に専念するという分業体制が生まれたと考えられる。

　第二次世界大戦以前の日本を研究した Benedict（1946）は，日本では，妻は夫に，子は父に，弟は兄に，女性は男性に頭を下げるのであり，家庭生活の根幹は，性別と世代および長子相続権に基づいていることを指摘したが，他方で，上位に位置する父や男性，年長者であっても，独裁者としての専制的な行動は許されず，家族の名誉を維持するという重大な責務を委託された人間として行動することが要求されると指摘した。

　なお，家父長制的な考え方は，明治時代以前の封建制度の中に組み込まれており，Nitobe（1899）は，武士道における女性の理想的な生き方は，家の名誉と体面を維持するために，娘としては，父のため，妻としては，夫のため，母としては，子のため，自分を犠牲にすることであると論じている。他方で，

Nitobe（1899）は，主君と国のために身を捧げるという点で，男性にも自己犠牲は要求されるのであり，女性と男性それぞれの自己犠牲は，強制されたものではなく，自分の意志によるものであると主張した。

封建時代からの考え方を受け継ぐ家父長制は，明治時代に制度化されたが，第二次世界大戦後に廃止された。第二次世界大戦後は，男女平等の法律が整備され，男女平等の考え方が浸透している。現在では，家父長制に逆戻りはできない状況にあるが，家父長制は，家の維持・存続という点では一定の合理性があったと考えられる[1]。

なお，現在日本では，少子高齢化が進行しており，家の維持・存続が危機の状況にあり，それが家族内の構成員相互間の支援機能を弱めているという現象が生じている。これについては，後で言及する。

## 3．日本における子育て

Benedict（1946）は，第二次世界大戦以前の日本における子育てを以下のように論じている。子育ては，母親や祖母が行うが，子は母親や祖母が父親に仕えているのを見て，家庭内の階層性を理解する。家庭内では，子は言うことをきかないと，からかわれ，つまはじきにされるので，それに対する恐怖から，言うことをきくようになり，しつけられていく。学校では，集団生活の中で，自制の重要性や仲間への配慮など，集団における付き合い方を学んでいく。男性は，世間から笑われないこと，名を汚さないことの重要性を学び，女性は周囲の期待通りの人間に成長すべきことを学ぶ。

このようなBenedict（1946）の指摘は，家父長制の時代のものであり，現在では，家庭内の父親の権威は低下しているものの，社会に受け入れてもらうためには，自制が重要であり，周囲に配慮すべきであるという規範は，現在でも存続している日本を特徴づける最も重要な社会規範といえるだろう。日本人が自制を重視する理由は，自分を優先させる行動が周囲の和を乱し，自分勝手であるとみなされ，そのために周囲に受け入れられず，仲間外れにされ，非難を受けるというリスクがあるので，それを避けるためであると考えられる。日本人は，周囲に受け入れられることで，安心感を得られ，安全が確保される。

　Benedict（1946）は，日本とアメリカを比較して，日本人は，子どものころから自制を義務づけられ，他人がどう思うかを基準に是非を判断するように訓練されるが，アメリカ人は，自主性が尊重され，自我の確立およびそれに基づく自主性が尊重され，危機下でも理性的で注意深い行動ができると論じた。日本では，日本人に特徴的な社会規範，すなわち，周囲の人たちとの人間関係を基礎にして，周囲の人に合わせることで，リスクを回避し，安心や安全を達成しようとする考えに基づく子育てが行われきたので，日本人は普段から主体的な判断を下す訓練が十分になされておらず，危機的状況への適正な対応が難しく，ひいては，危機的状況を考えることすら忌避しようとする傾向があると考えられる。

## 4．なぜ家族が重要か

　中根（1967）は，日本人は外とのネットワークがないので，「場」が重要であり，「場」として，家族が重要であると論じた。中根（1967）によれば，家族が重要なのは，「血」の結びつきよりも「場」を提供しているからである。中根（1967）は，日本では，タテに連なる親子の関係が重要であり，家を存続させるために，婿養子の習慣があると論じた。

　Abegglen（1973）は，日本の企業の特徴として，企業が１つの大家族であると指摘し，企業が父親，従業員が子であり，企業は従業員の生活や健康に責任があると考え，従業員は全生涯をかけて入社すると論じた。

　中根（1967）は，日本社会はタテ社会であると論じたが，自分が所属する家族と自分が所属する企業は，タテに連なる重要な組織であり，所属する企業内でも，家庭における親子のような人間関係が築かれている。家族や家族的な雰囲気をもつ企業の一員になることで，日本人が大きな価値を置く安心，安全，安定を得ることができる。

　また，和辻（1979）は，日本の気候的な特徴に注目し，厳しいモンスーン的な気候の下にある日本では，個人間の結束，すなわち，家族，さらには，もっと大きな集団単位での結束が重要であり，明治維新の尊皇において，日本人は，皇室を宗家（本家）とする「家」のアナロジーで，国民の全体性を自覚し

ようとしたと主張している。

　日本人にとって，家族や所属している企業がとりわけ重要であり，それが安心，安全，安定の源泉になっていると考えられる[2]。日本人が安心や安全に大きな価値を置き，リスク忌避の傾向が強いということの理由については，2つの説明が可能であろう。1つは，日本の自然環境である。和辻（1979）が指摘しているように，日本では世界的にみても，台風，地震，噴火，津波などの自然災害が多発しており，ときには再生に非常に時間がかかるような大きな被害が発生している。欧米の自然災害は，日本と比べれば，小規模なものが多く，冷静かつ理性的に対応できるレベルにあり，有効な事前的な対策をとることも，有効な事後的な対応を行うこともできたと考えられる。他方で，日本の自然災害はときには，有効な事前的な対策をとったり，有効な事後的な対応をとったりすることができないような壊滅的な損害が発生するケースも多々あったと考えられる。このような自然環境下では，リスクは人間が制御できるレベルを超えており，ひたすらリスクが発生しないことを願うしかなかったと考えられる。そのような状況下では，平穏で安全かつ安心できる生活は，かけがえのないものであっただろう。日本を取り巻く環境的要因が，リスクを直視せずに，それを忌避しようとし，安全や安心にとりわけ大きな価値を置くというような日本人の価値観を育んだのかもしれない。また，壊滅的な損害を受けた場合には，他の地域の人たちの支援を受けざるをえないので，日本では，身近でない他者に対しても，他者を攻撃せず，他者を尊重するような社会規範が育まれた可能性もあるだろう。

　日本人がリスク忌避の傾向が強いというもう1つの説明は，超長期の時間軸で考えたときの可能性である。日本は地理的に辺境にあるので，大陸での戦いに負けて，追いやられてきたとすれば，戦いは避けたいという社会規範が身についていたのかもしれない。

## 5．家重視から個人重視へ，社会保障の拡大へ

　現在の日本において，Benedict（1946）が指摘した家父長制のような階層制度がそのまま当てはまるわけではない。梅棹（2002）は，戦後の日本における

価値観の変化として「平等主義」の普及をあげている。平等主義は西欧型の考え方を輸入したものであり，日本における社会規範，とりわけ人間関係のあり方をすぐに変えるものではないが，その一方で，平等主義の考え方が徐々に浸透しつつあることも事実である。企業のような組織では，序列の規範が残っているが，家族もしくは世帯においては，「家重視」，とりわけ家の存続の重視の考え方から男女平等を含む「個人重視」の考え方に流れが変わりつつある。これには，第二次世界大戦後における欧米型の理念，すなわち，男女平等を含む個人重視の理念を取り入れた法律や教育の整備が大きく影響したと考えられる。

　戦後の日本では，男女平等を含む個人重視の考え方の浸透によって，家庭内における父親の権威が低下し，母親の影響力が増しており，相続においては，長子相続よりも，残された親族で財産を分け合う，もしくは親の面倒を見た子が多くを相続するというのが一般的であろう。家庭内において，子は大切にされ，基本的に子は男女の差別なく育てられ，子には平等の教育機会が与えられていると考えられる。日本における大学進学率をみると，男性が女性より少し高いものの，短期大学を含むと女性のほうが男性より少し高くなっている[3]。

　女性の場合でも，高い学力を身につければ，すぐに家庭に入らず，働くのが自然であり，昔と比べれば，女性が結婚する年齢が遅れ，出産のタイミングも遅れるため，少子化が生じやすくなる。また，戦前と比べて，結婚しなければならない，子を産まなければならない，子は親の面倒をみなければならない，家を絶やしてはならないというような社会規範の圧力が弱まっているので，未婚化や晩婚化が進み，夫婦，子，祖父母から構成される三世代世帯の比率も減り，単独世帯や夫婦のみや親と子のみから構成される核家族世帯の比率が増加している[4]。

　中根（1967）や Benedict（1946）が指摘した日本社会の特徴であるタテの関係や階層性は家族の中では，消えつつあるが，その理由に関しては，そもそも家族は「give and take」の世界ではなく，与える側は見返りなしに与え，受け取る側は何の義務もなしに受け取るという「愛」に基づく世界であるという点が重要であろう。すなわち，家族において序列や階層性の規範が弱体化しても，愛に基づく世界では，家族の構成員は生活が保障され，生存が保障さ

れるので，安心や安全の保障という点では，大きな問題はなかったと考えられる。

　他方で，現在の家族では，欧米式に個人は尊重・重視されており，個人ベースでは大きな問題がないとしても，その反面，個人重視の価値観は，未婚化や晩婚化をもたらし，家の存続の危機と少子化を招いている。さらに，個人重視の価値観は，家族の形態として，三世代世帯の減少と核家族世帯や単独世帯の増加をもたらし，家族の構成員が減少することで，家族内の相互の支援機能を弱めている。

　家が存続していれば，世帯数は一定に保たれるので，人口が減ることはなく，少子化やそれにともなう高齢化は生じない。少子化が社会に与える影響としては，人口減少により国内市場の縮小（需要の停滞），過疎化（コミュニティの崩壊），若年労働力の不足（供給能力の低下）が生じたり，加えて，家が断絶によって墓守がいなくなるという問題や放置された空き家が増加するなどの問題も生じている。

　三世代世帯が存続していれば，保育の問題は，母親（妻）や同じ家庭内の祖母が保育を行うことで，老後の生活保障の問題は，父親（夫）が祖父母を扶養することで，介護の問題は，母親（妻）が祖父母を介護することで，いずれも家庭内で解決される。

　欧米型の個人重視の考え方の定着により，家の存続が重要視されなくなり，世帯構造が三世代世帯から核家族（そこでは，妻が仕事をもつケースが増加）や単独世帯に変わると，従来，世帯内において解決されてきた保育，介護，老後の生活保障については，それを補完もしくは代替するように，社会（主に政府）が対応せざるをなくなる。現在の日本では，保育，介護，老後の生活保障である年金の提供において，政府が大きな役割を果たしている。介護や年金などに加え，もともと政府の役割が大きかった医療を加えたものが社会保障であり，高齢化のもとでは，これらに振り向けられる費用負担が増加する[5]。また，賦課方式に基づく現行の社会保障制度の下では，高齢化の進行によって，支えられる側の高齢者が増加する一方で，少子化の進行によって，支える側の若年者が減少するので，若年者1人当たりの負担（社会保険料や税）の増加の圧力が生じている。現在の日本社会では，家重視の価値観から個人重視の価値

観への転換が生じており，女性を家庭に縛らず，男性並みに社会で活躍する機
会を保障するという流れができているので，家族の存続や三世代世帯の復活な
どのような昔の状況に戻ることは不可能である。

　したがって，現状の家族の状況を前提としたうえで，費用負担や労働力を必
要とする社会保障の問題（財源の問題とヘルパー，保育士，看護師などの労働
力確保の問題）をどのように解決していくかが，日本社会の最重要課題の１つ
となっている。

## 6. なぜ性別役割分業に肯定的か

　第Ⅱ部の実証分析から，仕事における男性優先の考えに対して，アメリカな
どの欧米先進国を基準とすると，日本はそれに否定的でなく，肯定的であると
いう結果が得られた。

　この理由に関しては，欧米と日本の社会規範の違いが影響していると考えら
れる。欧米では，自我や個人が確立しており，個人に自由権や平等権があり，
それを法律で保障していくという考え方である。日本では，欧米型の法律は存
在するものの，通常の生活は社会規範がベースになっている。欧米型の考え方
は，まず個人があり，個人から社会は構成されるというものであるが，日本型
の考え方は，個人は生まれたときから，すでに社会の中に埋め込まれており，
個人は社会の一部であり，社会とは不可分であるというものである。日本型の
考え方では，社会が機能していくために，個人が社会のしかるべき箇所で，し
かるべき役割を果たすことが重要であり，そもそも個人の視点から自由や平等
を考えるという発想はあまりない。日本では，周りの人に受け入れられ，周り
の人から配慮されることによって個人の権利が保障されるという形をとる。日
本では，企業などの所属している組織において上下関係ができたとしても，人
間関係は長期にわたり，所属している組織の発展という共通の目的があるた
め，上の者と下の者が相互に配慮し合い，一体感が生まれるので，日本人は欧
米型の男女間や個人間におけるそれぞれの自由権や平等権という考え方は理論
としては理解できるものの，実生活の中で意識したり，考えたりすることはあ
まりないといえるだろう。

　また，性別役割分業を否定する立場からは，性別役割分業において，女性が家庭に縛られるので，女性が社会で働く機会を奪われるという点があげられるが，他方で，日本では，男性は家庭をもち，家庭を扶養していくための稼ぎがなければ，世間から甲斐性なしとみなされたり，正規雇用の場合には，労働時間が長く，周りの人への気遣いを求められるなど，常に社会からの圧力にさらされており，男性が女性より有利な立場にあるとは必ずしもいえないという側面もある[6]。それゆえ，日本では，性別役割分業によって女性が男性よりも割を食っているという意識が他の国より弱いのかもしれない。

　他方で，戦後における男女平等の教育や個人重視の価値観の浸透によって，女性も男性とほぼ同等の教育を受けており，そこで身についた能力を社会で生かさないのは社会の損失になり，能力のある女性を雇用することは企業にとってのメリットにもなる。また，国際連合は，2015年において，2030年までに達成すべき国際的な目標として，17個の「持続可能な開発目標」（SDGs：Sustainable Development Goals）を定めており，「ジェンダー平等」もその1つとなっている。国際的にもジェンダー平等の流れは加速しており，日本もその流れに対応せざるをえないため，日本特有の社会規範と折り合いをつけていかなければならない状況にある[7]。

## 7．現代の日本社会における問題の多くは家族内で発生

　日本では，個人が社会に受け入れてもらうために，周りの人に配慮して，自制すること，そして自分に求められる役割を理解し，それを真摯にこなすことが重要であり，これが日本を特徴づける社会規範であると考えられる。このような社会規範の下で，安定的で秩序だった社会が形成され，各人はこのような社会に身を置くことで，各人の生存やその子孫の存続に必要な安心，安全，安定を享受することができる。

　このような日本人の社会規範は，日本人を特徴づけるものとして残存しているものの，他方で，第二次世界大戦後における法律や教育などの制度改革やグローバル化・情報化の進展によって，欧米型の個人重視の社会規範も日本に浸透しつつあり，現在もその途上にあることも事実である。

　特にその影響が顕著にみられるのは，家族においてである。戦前の家重視，究極的には家の存続を重視する価値観の下では，典型的な家族は三世代家族であり，家族内では，家父長である父親を中心とする階層構造が成立していた。結婚は両親が決め，結婚しないという選択肢はほぼありえなかった。女性は結婚して家の跡継ぎとなる子を産むことを期待されており，子を産めない場合を除いて，子を産まないという選択肢もほぼありえなかった。男性は外で働き，家族をもち，家族を扶養できるだけの甲斐性があって，はじめて一人前の男として認められた。男性が働かないという選択肢もほぼありえなかった。親の扶養は息子が行うものであり，親の介護は主に息子の嫁が行うものであり，息子やその嫁が親の面倒をみないという選択肢もほぼありえなかった。

　戦前においては，家重視の価値観を多くの日本人が共有していたため，これに反する行動は世間から白い目でみられてしまう。社会，すなわち，世間に受け入れられて，はじめて自分自身が存立しうると日本人は考えるので，家重視の価値観と整合的な行動をとってきたのである。

　戦後になり，家重視の価値観から個人重視の価値観への転換が図られつつある。個人重視の価値観の下では，従来まで社会規範によって選択の余地がなかった選択肢は，自分自身で自由に決定できることになる。近い親族の場合には，親の扶養義務はあるものの，各人は結婚しない選択肢，子を産まない選択肢，仕事をしない選択肢を選ぶことも可能である。

　かつて親が子の結婚を決めていたときには，子が結婚しないという選択肢はほぼなかったので，特段の事情がない限り，結婚できない人はいなかったが，現在では，当人同士の同意で結婚が決まるため，同意が成立しなければ，結婚したくてもできないケースが発生している。また，現在では，結婚したとしても，嫁が子を産み，家を存続させることが主目的ではなくなったため，あえて子を産まないというケースも発生している。さらに，仕事に関しては，子が自分の選択できる仕事が自分に合わないと感じ，子が親と同居して親の財産や年金で生活できる場合には，子が親に頼り，仕事も結婚もしないというケースも発生している。

　また，家族においてほどではないが，企業においても，個人重視の価値観は浸透しつつある。すなわち，企業を家族に見立て，従業員を家族の構成員と考

えて，企業そのものを重視する価値観から個人重視の価値観への転換である。
雇う側も雇われる側もこのような価値観の転換の影響を受けていると考えられ
る。この影響が端的に現れたのが，非正規雇用者や転職者の増加である。バブ
ル崩壊後の長期にわたる不況の下でしばしば観察された企業の行動は，既存の
正規雇用者の生活を守ることを優先し，正規雇用者の新規採用を控え，非正規
雇用者を増加させて，人件費を抑制することであった[8]。

　このような企業行動の下では，既存の正規雇用者には，企業によって生活の
安定が提供されるが，非正規雇用者には，それが提供されないおそれがある。
非正規雇用，とりわけ正規雇用を希望しながらも非正規雇用にならざるをえな
い不本意非正規雇用の場合にそれが深刻である。現状ではまだ，正規雇用者の
比率が大きいので，依然として，日本では企業が生活の安定において重要な役
割を果たしていると考えられるが，非正規雇用者，とりわけ不本意非正規雇用
者の生活は不安定であり，低収入の場合には，現在の生活苦のみならず，結婚
できずに家庭がもてない可能性や年金の低い掛け金や低貯蓄によって，貧困が
老後を含む生涯全体にわたり生じる可能性がある。したがって，日本人が重視
する安心や安全が脅かされる可能性がある。

　従来，家族や企業が果たしてきた生活における安心，安全，安定の保障機能
の低下に対しては，先に言及したように，政府が社会保障を充実させること
で，これに対応している。ただし，社会保障によってうまく対応できない問題
も発生している。代表的なものとして，「引きこもり」，「家庭内殺人」，「孤独
死」などがある。

　引きこもりとは，学校や企業などになじめないなどによって，自ら社会との
接触を断って，家にこもる状態のことである[9]。戦前であれば，子が社会に順
応していくために，親が幼少期から子を厳しくしつけ，鍛錬することも許され
たが，現在では，子は個人として尊重されており，経済力のある親は子が成人
した後も子を保護し，経済的支援を続けるケースもみられる。とりわけ日本で
は，世間体を気にする社会規範が残存しているので，引きこもりは恥ずかしい
ことであると考え，子も親もそれを隠そうするため，問題を家族が抱えること
になる。そのような家族において，親子ともに社会に対して常に負い目を感じ
て生きていくことになり，子が社会に順応することを願う親とそれをしたくて

もできない子の間で強い緊張感や対立が生じて，家庭内暴力，さらには家庭内殺人に至るケースも生じている。2020 年の日本における殺人事件の内訳をみると，親族殺人が最も多くなっている[10]。日本人は，生活圏以外の人とは一定の距離を保ち，対立や軋轢を避けようとするので，そのような人たちの間での事件は少ないと考えられる。日本人にとって，安心と安全を与えてくれる最後の砦が家族や企業，とりわけ家族であるが，近年，これらの内部での支援機能が低下しているので，最後の砦が崩壊すると，問題がその場所で噴出することなる。これが，家族内でさまざま問題が発生している背景であろう。家族内の支援機能が保たれていた戦前において，子が親を殺したり，親が子を殺したりするケースは，想像もできないことであろう。

　家庭内殺人のような事態は生じないとしても，引きこもりが続く場合には，やがて親が死去して，財産や親の年金も尽きると，子の貧困生活が始まることになる。この状態においても，自分の状態を恥ずかしいことと考え，社会への助けを求めなかったり，社会からの助けを拒むケースも生じている。そして，孤独死を迎えることになる。

　孤独死については，結婚して家庭をもっていた人にも起こりうる。三世代世帯が減少して，核家族が増加している状況の下では，子が自立して，夫婦のどちらかが先に死去すれば，残された人は，一人暮らしになる可能性が高い[11]。ある程度の財産があり，ある程度の年金がもらえれば，子に迷惑をかけるのを避けるため，介護が必要な状況でも在宅介護や施設での介護を頼って，一人暮らしを継続する高齢者が増えている。そして，子と関係が疎遠になれば，孤独死を迎える可能性もある。

　なお，日本における「自殺」率は先進国の中でも最も高い水準にある[12]。第Ⅱ部の実証分析では，日本は自殺に対して否定的であり，安楽死に対しては肯定的であるという結果が得られている。アメリカなどの欧米先進国と比べても，日本は自殺に否定的であるにもかかわらず，日本の自殺率は高くなっている。

　個人重視の価値観が根づいている欧米では，激しい個人間競争に耐えうる強い個が確立しているが，個人重視の価値観は，日本に輸入された考え方であり，そのような価値観に基づく社会に順応できるような強い個は十分に確立で

きていない可能性がある。個人重視の価値観に基づく社会では，各人は自分で考え，自分で判断して，その結果の責任は自分で負わなければならない。リスク回避傾向の強い日本人にとって，このような社会に暮らすことは，大きなストレスを受けるかもしれない。日本において，従来は家族や企業が安心，安全，安定の源泉になっていたが，現在では，そのような機能は弱体化しており，これが自殺率の増加にも少なからず影響している可能性があるだろう。

　日本的な家重視や企業重視の考え方から欧米式の個人重視の考え方への変化は，個人，とりわけ女性にとっての選択肢を広げ，社会におけるさまざまな場面での活躍する機会を広げるというメリットをもたらすものであり，これを後戻りさせることができない状況にある。しかし，他方で，これによる副作用が生じているのも事実である。

　より一般的に言えば，ある国における社会規範（価値観）は，その国の制度（特にその制度の内容）と整合しており，その国の社会規範を変えようとするならば，それに合わせて，その国の制度も変えなければならないので，時間がかかることであり，その過程で副作用も生じるということある。

　重要なことは，さまざま社会規範が存在しているとすれば，それには何らかのメリットや理由があるはずであり，それについてはデメリットも含めて，先入観なしにそれを評価することが重要であり，従来とは違う他の社会規範（価値観）を導入すべきかどうかは，新旧双方の社会規範を評価してから決めるべきである。そして，新しい社会規範を導入しなければならないとしたら，それがもたらす副作用について，社会の構成員がしっかり理解すること，そして，副作用に対する対応策をしっかりと考えていくことが重要であろう。

# Ⅲ－Ⅱ．日本における企業

## 1．なぜ長期雇用か

　中根（1967）は，日本人にとって人間関係が実感できる生活圏が重要であると指摘した。第Ⅱ部の実証分析によれば，日本人は安心や安全に大きな価値を置いており，生活圏は日本人にとっての安心や安全の源泉になっていると考えられる。生活圏の中でも，家族と並び，自分が所属している企業，多くの場合に，長期にわたり所属することになる企業が非常に重要な存在になる。経済発展の結果，労働者はサラリーマン化したが，農業が中心の時代には，自分が所属する農村が生活圏になり，そこでの人間関係の維持に注力していたと考えられる。現在では，企業に就職するサラリーマンが一般的であり，非正規雇用が増加しているとはいえ，学校を卒業した後に，企業に就職して，そこに長期にわたり勤務するパターンが一般的である。それゆえ，現在においては，自分が所属する企業が生活圏に入る。

　日本の企業の顕著な特徴として長期雇用がある。転職する人もいるが，頻繁に転職を繰り返す人は少なく，適職を探すための転職であり，適職が見つかるとそこで長期雇用されるのが一般的である。

　なぜ日本では長期雇用が一般的なのだろうか。それは，労使双方のメリットが大きく，日本人の社会規範および日本の諸制度，とりわけ，性別役割分業に基づく家族のあり方や平均的な能力をもつ個人の輩出を主目的とする教育制度と整合的もしくは相互に補完的だからである。欧米などの諸外国は短期雇用が一般的であるが，雇う側からみたその理由は，長期で雇った場合に「外れ」を雇った場合の損失が大きいからである。外れとは，性格や考え方の違いで職場の人たちと馴染めない，仕事を進めるうえでの能力に問題があるなどの労働者

を雇った場合である。このような外れを雇うリスクを回避する方法は，短期間雇用して，期待通りの労働者かを見極めることである。雇われる側にとっても，長期雇用がマイナスに働く場合がある。例えば，当初の想定とは違って，職場の人たちと馴染めない，やりたい仕事と違う，報酬が予想より少ない，より多くの報酬を得られる機会が他にあるなどである。長期雇用の場合では，それが足かせとなって，よりよい条件の職場に移れない可能性も生じる。短期雇用の場合には，労使双方の思惑を反映しながら，労働力が企業間を移動し，各労働者はそれぞれの能力に見合った職場が見つけることができる。そして，そこで雇用された各労働者は，自らの能力を応じて企業に貢献することで，それに見合った報酬を手にすると考えられる。社会全体としても，労働者は能力に応じて適材適所に配置され，最も効率よく使用されるので，社会全体の生産量は最大化される。

　通常の場合に，労働者間に能力の差が存在するので，報酬の格差も生じることになる。現在では，生存権や最低生活権などが社会的に認められているので，格差の是正の度合いは国によって異なるものの，それぞれの国の政府は，税制や公的扶助を含めた社会保障制度を通じて格差の是正を行っている。

　短期雇用のメリットは大きそうであるが，なぜ日本では長期雇用が一般的なのだろうか。日本では，長期雇用のほうが短期雇用よりメリットが大きいからだと考えられる。少なくとも，これまではそうであったと考えられる。先に長期雇用のデメリットを指摘したが，日本では，外れの労働者を雇うリスクは諸外国よりはるかに低いといえる。日本人の社会規範は，周りの人との良好な人間関係を維持するために，周りの人への気遣いや配慮を行うことを重視することであり，日本人のほとんどがこの規範を身につけていると考えられる。それゆえ，就職先の企業の人たちと軋轢や対立を起こすリスクは少ないと考えられる。また，頻繁に職場を変える場合には，その都度，周りの人との人間関係を最初から構築し直す必要性が生じるため，それが大きな精神的な負担になるので，一箇所に長くいられる長期雇用が選好されると考えられる。

　日本における仕事上の能力については，次の2つが特徴的な点である。1つは，日本の教育制度に関わることであるが，日本では，平均的な能力を身につけさせる教育を行うので，人々の仕事上の能力にばらつきが少ないことであ

る。中根（1967）は，個人の能力差が小さいことが，年功序列制の前提であると論じたが，日本では，個人の能力差が小さく，企業が外れの労働者を雇うリスクは諸外国よりはるかに低いと考えられる。日本では，仕事に必要な能力は，仕事を行いながら身につけていくので，新卒の新規採用者に求められる能力は，周りの人とのコミュニケーション能力や新しい仕事を身につけられるレベルの潜在的な能力である。通常の場合，後者の能力は平均的な能力を身につけていれば，問題はないであろう。したがって，日本に特徴的な長期雇用は，平均的な能力をもつ個人の輩出を主目的とする日本の教育制度と整合しており，相互に補完的であるといえる。

　もう1つは，日本では，通常の場合に仕事において突出した能力を要求されないという点である。中根（2019）が指摘しているように，一般的に日本の企業では，労働者は数人以上で一緒に仕事をしており，個人の能力差は表面化しないようになっている。能力が少し劣っていても，周りの人にカバーされる。日本では，数人以上で仕事をするので，突出した能力は要求されず，チームワークが重視される。労働者側にとっても，仕事の成果は個人でなく，組織として評価されるので，突出した能力を身につけようとするインセンティブをもたない。欧米のように，個人ベースで仕事を行う場合には，役割と責任が明確になり，企業に対する貢献がわかりやすくなり，貢献に応じた報酬が支払われる。

　日本において，数人以上で一緒に仕事をしている理由は，そうすることで，仕事における責任の所在が不明確になるため，失敗した際に特定の個人が非難されるリスクを回避でき，さらには，労働者間の報酬の差が生じにくいので，報酬が少ないことで引け目を感じたり，多いことで嫉まれることがなくなり，職場の居心地をよくすることができるからだと考えられる。他方で，数人で同じ仕事を行うときには，他人に頼り，手抜きをしようとするインセンティブが生じるが，それを行うと，周りの人との人間関係が悪化するおそれがある。長期にわたり顔を合わせることになる周りの人との人間関係の悪化は，長期にわたり居心地が悪くなるなど，自分にも悪影響を及ぼす可能性があるので，手抜きの行動は抑制されると考えられる。

　長期雇用は，特定の人間と長期的に付き合い，互いに配慮し合うという日本

人の社会規範と整合的である。日本人は安心，安全，安定に大きな価値を置いており，職場における仲間意識が一体感や結束力を生み，企業の生産性に対してもプラスの効果が期待できる。

　以上のことから，日本では，企業が採用したくない外れを雇うリスクが少なく，また企業が求めている労働者を新卒でほぼ確保できるので，長期の雇用を行っていると考えられる。

　他方で，現在の日本は，バブル崩壊後の長期不況，少子高齢化，情報化，グローバル化などによって，長期雇用や年功序列制の維持が困難になっているのも事実であり，非正規雇用者の比率が高まり，デジタル化に対応した専門能力の高い人材などのニーズも高まっている。専門能力の高い人材がすぐに必要な場合には，他社から有能な人材を引き抜く必要があるため，そのための報酬も高額になることが予想される。このようなことが一般化すれば，年功序列制が崩れたり，所得格差が拡大する可能性もある。

　現状では，依然として，長期雇用を前提とする正規雇用者の比率が大勢を占めており，とりわけ男性に関して，それが当てはまるが，将来的には，欧米型の個人重視の価値観が浸透し，社会をめぐる環境も流動的な雇用を促進するように働くので，長期雇用の下で，従来の日本企業が果たしてきたような安心，安全，安定の源泉としての役割は徐々に低下していくことになるだろう。

　日本人が価値を置く安心，安全，安定をこれからも重視していくとすれば，専門能力の高い人材などが必要な場合でも，流動的な雇用環境への移行の速度は遅れるだろう。そして，専門能力の高い人材の確保については，企業による既存の社員への再教育で対応するケースが多くなるであろう。

## ２．年功序列と報酬

　標準的な経済学によると，労働者の報酬は企業に対する売上への貢献で決まるとされる。欧米社会では，仕事は個人ベースであるため，貢献の度合いがわかりやすいので，標準的な経済学から得られる結論が当てはまりやすいと考えられる。日本では，報酬はどのように決まるのであろうか。企業に雇われている人の場合，先に言及したように，数人以上で一緒に仕事をする場合が一般的

なので，個人の貢献を確定することが難しい。先に指摘したように，日本人の社会規範を考えると，むしろそうしないメリットもある。

　日本において雇われている人の報酬は，Abegglen（1973）が指摘しているように，一般的に学歴と勤続年数で決まる。学歴は，受験勉強を経験して，大学に合格したという潜在的な生産性の高さの指標であり，勤続年数は，仕事における経験の多さと企業内の人間関係の広がりと深さの指標であると考えれる。勤続年数の長い人が管理職につくのが一般的であるが，これについては，企業の仕事全般をより理解しているのに加え，企業内の人間関係に広く深く食い込んでいる人が上司になることで，人間関係を基礎とした組織に安定性をもたらすメリットがあると考えられる。また，勤続年数に応じて報酬が上昇するシステムは，労働者の家庭における結婚，出産，育児などにおける出費の増加と比例しており，生活給としての側面もある。日本人は，安心に大きな価値を置くため，このようなシステムは日本人に受け入れやすい。

　また，勤続年数が長いほど，報酬が大きく，管理職につきやすいという年功序列システムは，一時点で比較すると，個人間で報酬や役職に格差が生じているが，人の一生のような長期でみると，ほぼすべて人に高い報酬や上位の職位に就く可能性が開かれており，日本は序列社会でありながら，格差が生じないような社会になっている。

　欧米社会は，仕事は個人ベースであり，個人間の競争がある。個人の能力は報酬に反映されるため，個人の能力差が大きい場合には，報酬の格差は大きくなる。欧米で個人の能力は報酬に結びつくため，教育は能力を身につけるための投資とみなされ，大学等での勉学意欲は高い。欧米では，個人は自分の能力を伸ばそうとするインセンティブが高く，人々は自分の能力に応じた仕事に就く可能性が高いため，労働力が効率的に活用され，社会の生産量が最大化される。

　欧米では，報酬が低くても，能力に応じたものであり，その人が社会から非難されたり，同情されたりすることはないであろう。Benedict（1946）が指摘しているように，日本人は世間や周りの人からの評価を非常に気にする。日本人にとって報酬や企業での役職そのものも重要であるが，日本人は報酬や役職に付随する世間や周りの人からの評価を特に気にする。ある程度の年齢に達成

しても低い報酬であったり，役職に就けなかったりすることは，世間や周りの
人からの低い評価につながる可能性がある。日本人にとって名誉は大事なもの
であり，社会からの低い評価は名誉を傷つけることにつながるため，名誉を傷
つけられる状況を避ける必要がある。

　日本の年功序列システムは，勝者をつくらないが，敗者もつくらないシステ
ムであり，効率や報酬よりも，安心，安全，安定に価値を置く日本人の国民性
と整合的である。もちろん，日本でも，戦後に，欧米型の個人重視の考え方が
浸透し，長期的な人間関係の維持を前提とする日本社会に煩わしさを感じる人
も増えているも事実である。しかしながら，日本における教育制度や大学の現
状，社内での社長と社員の報酬格差の小ささ13，長期雇用や年功序列が主流の
労務管理などを考慮すると14，日本では，日本人の国民性もしくは社会規範，
そしてそれに基づく企業を含めて諸制度は，現状において依然として生き続け
ているといえるだろう。

　なお，日本において，経営者（社長）と従業員（社員）の報酬差が小さい理
由として，アメリカなどの企業における決定は，経営者による自己決定の余地
が大きいので，それによる成果を自己の報酬として受け取ることになるが，日
本における企業の決定は，社内の会議を経た合議によるケースが多いので，そ
の成果の分配も社内に分散するからだと考えられる。

## 3．上司と部下の関係

　中根（1967）が指摘しているように，日本の企業における上司と部下の関係
は，管理する側と管理される側というドライな関係にとどまらず，保護する方
と保護される方という感情をともなう人間関係的な側面も入る。部署が同じ場
合や配置転換によって部署が異なる場合でも，同じ企業に籍を置くことが多い
ので，濃淡はあるものの，長期にわたる付き合いが続く。上司は部署の業績を
上げようとするが，そのためにも部下との良好な人間関係を維持する必要があ
り，部下を守ろうとする。部下も守られているということを感じ取って，仕事
に精を出す。

　日本では，働くことの動機として，報酬も重要であるが，自分が所属してい

る組織に受け入れられ，守られているという安心感も重要であり，受け入れら
れ，守られているという感覚が組織の一体感を生み，組織の生産性の向上に寄
与していると考えられる。日本人の社会規範は，周りの人に配慮することであ
るが，国民がこの社会規範を共有することで，自分も周りの人から配慮される
ため，安全や安心が得られる可能性が高まる。日本人は，安全や安心に大きな
価値を置いているので，企業における上司や部下との関係でも守る，守られて
いるという感覚が重要になる。

　欧米では，個人は教育で能力を身につけ，その能力を生かした仕事に就く。
他方で，Abegglen（1973）が指摘しているように，日本では，企業に就職す
ると，企業内で配置転換があり，その都度，上司や先輩から実施訓練で仕事を
覚えていく。運命共同体である企業に貢献するために，上司は部下にきちんと
仕事を教えようとし，部下は上司からしっかり仕事を教わろうとする。

　日本社会の特徴を中根（1967）は「タテ社会」，Benedict（1946）は「階層
社会」と呼んだが，そのような社会では，上司や部下，先輩と後輩のような
序列が重要であり，それによって秩序が保たれる。このような「序列社会」で
は，一時点でみると，平等でないようにみえるが，長期でみると，部下はやが
て上司になり，後輩もやがて先輩になるので，一概に不平等とはいえない。さ
らに，中根（1967）が指摘しているように，日本の序列社会における上下関係
では，下が上に従うが，上は下に配慮して，下を保護するという互恵的な関係
が組み込まれているので，この関係は安定的である。人間関係を基礎にした安
心を重視する日本人にとって，日本的な上下関係，すなわち，序列社会は一定
の合理性がある。

　欧米のような社会では，個人は平等であり，年齢や経験と関係なく，能力に
よって地位や報酬が決まる。個人は家族を重視するものの，企業における人間
関係はドライであり，働くのは，基本的に報酬を得るためのみである。欧米社
会では，能力に応じて報酬が決まるので，能力を伸ばそうというインセンティ
ブが働き，それは社会全体の生産の増加に寄与する。その一方で，個人は常に
競争の圧力にさらされており，低い地位や低い報酬に甘んじざるをえない場合
もある。それゆえ，日本の社会と比べて，個人は不安定で，安心できない状況
に置かれているといえる。このような社会でも，社会保障制度があれば，最低

限の生活ができるという意味で安心が確保されるといえるが，日本人は不安定な状況や失敗するリスクを避けたがる傾向があり，直接的な人間関係から得られる安定や安心を重視しているので，個人ベースの競争は回避され，企業間の競争が主流になっていると考えられる。

上司は部下を管理する立場にあるが，日本人は人を管理する立場になること，すなわち，出世することに対して，他の国と比べて，その意欲が低いという調査結果が得られている[15]。ここで，その理由について考えてみよう。

日本人が出世を望まない理由として，以下のことが考えられるだろう。日本の階層社会では，上の地位に立つと，その地位にふさわしい扱いを周りの人や社会から受けられるものの，多くの場合に，自分の裁量や権限を思う存分振るえるわけではなく，その地位にふさわしい行動が要求される。その地位にふさわしい行動をとる責任があり，そのような行動をとらないと非難される。たとえ自分の失敗でなくても，自分が担当した組織の最終責任者という重圧がかかる一方で，仕事において裁量の余地が少なく，行動に対する制約が多いので，欧米と比べ，やりがいが少なく，報酬も少なくなっている。現在の若者は昔ほど世間体や社会からの評価を気にしなくなっていること，自分の時間や自分がやりたいことを重視していることなどもあり，かつてほど出世を望まない人が増えていると考えられる。

## 4. 企業の競争力と目的

日本における雇用の特徴は，長期雇用であるが，長期雇用においては，労働者と企業は運命共同体となる。労働者にとって，自分の報酬や生活は重要であるが，そもそも報酬が得られ，生活ができるのも，その源泉となる企業自体が存続し，繁栄していなければならない。それゆえ，労働者も経営者も同じ利害を共有する。企業の発展は労働者にとっても利益になるので，労働者は一生懸命に働き，労働者の配置転換や新しい技術の導入などを積極的に受け入れ，他方で，企業の収益が低下し，企業が存続の危機に陥るときには，労働者は，自分の報酬の低下も受け入れると考えられる。労働者も経営者も一体化して企業の発展を願っているので，これは企業の競争力の強化にプラスに働くであろ

う。運命共同体である企業同士の競争は，激しくなるので，これは国の経済成長にも大きく寄与するであろう。とりわけ，高度成長期にはこれが当てはまったと考えられる。

　なお，Benedict（1946）は，日本人は失敗によって恥辱を感じる機会，すなわち，名誉を汚される機会をできるだけ少なくしており，競争で負ければ，恥辱を感じるケースが多いため，日本社会では直接的な競争が極力避けられてきたと論じた。この点で言えば，日本における企業間の競争は，ある個人はある企業に属することで，ある程度の安全や安心が保障されている中での競争であり，さらに相手，とりわけ個人を直接意識しないで済み，したがって個人間の対立を気にする必要もない。そして競争に負けたとしても，個人に対する社会的な非難を回避できるというメリットがある。日本人は相手の顔が見える個人間の直接的な競争を避ける傾向にあるが，企業間の競争であれば，個人間の競争という側面は背後に隠れるので，受け入れやすいと考えられる[16]。

　日本の企業における上司と部下の関係の特徴は，上司は部下を配慮し，部下は上司を慕うという情緒的な要素が入ることであるが，この関係は経営者と労働者の関係にも当てはまる。日本の経営者にとっての目的は，企業の存続や発展であり，そのために利益をあげる必要があるが，利益をあげる大きな理由の1つが，その企業の所属する労働者の雇用と生活を守るためである。Abegglen（2004）は，日本の企業にとっての最大の利害関係者は従業員であると論じた。また，日本人は，社会からの評価，すなわち，名誉を気にするが，これは日本の経営者にも当てはまる。すなわち，おもてなしの精神に基づき，質のよい商品やサービスなど，価値のあるものを顧客に提供して喜んでもらい，このような企業活動を通じて社会に貢献して，その結果として利益がついてくるという考え方である。

　山本（2015）や寺西（2018）が指摘しているように，日本では仏教などの影響を受けて，利益の追求は周りの人を顧みない利己的で欲深い行為と周囲からみなされるおそれがあるので，日本では利益の追求を全面に出すことははばかられる傾向にある。ただし，企業が存続するためには，利益を出していかなければならないので，経営者は，企業の存続や発展のための利益の確保は当然のこととみなしており，さらに，従業員や顧客へも配慮も行いながら，企業経営

を行っていると考えられる。

　Abegglen（2004）は，日本と欧米における株式会社の目的の違いに関して，欧米における企業は株主の所有物であり，株主の代理人である経営者は，株式の上昇による短期の利益を目指しているのに対して，日本の企業は売買の対象ではなく，共同体として自己存続を目指していると論じた。その結果，Abegglen（2004）も指摘しているように，日本では，企業の寿命が長くなる。欧米では，経営者の契約は短期であり，短期間で成果を出す必要があるが，日本では長期的な視点での経営が可能である。日本の企業は，変化の少ない安定した時代には強みを発揮するが，他方で，企業自体の新陳代謝を含めた大きな変革が求められるような変化の激しい時代には，うまく適応できない可能性がある。

## 5．なぜ会議が多く，労働時間が長いのか

　日本では，企業に限らず，組織一般にいえることとして，会議の多さがある。企業の場合に，会議が多いと企業における滞在時間で測った労働生産性に対してマイナスに作用する。それでも会議が多い理由は何であろうか。日本において，労働者は１つの企業に長く務め，企業内の部署を定期的に異動し，年齢とともに管理的な仕事を担当するケースが一般的なために，その企業についての情報に多く触れておくことが，労働者と企業の双方にとって有益である。

　日本における企業を含めた組織の意思決定の一般的な特徴は，役割と責任を明確にしたトップダウン型の意思決定でなく，組織内の構成員の情報共有とコンセンサスの形成を重視するボトムアップ型の要素をもった意思決定であるということである。日本では，トップの下に関連する部署の管理職を集めた会議を設置したり，各部署ではそこに所属するすべての労働者が参加する会議を頻繁に開くケースが多くみられる。

　日本と欧米で会議の目的も異なる。欧米の会議では，会議のテーマに関して参加者は他の参加者に気兼ねせずに自由に自分の意見を主張する。会議はそこで議論を尽くし，結論を出したり，決定することを目的として行われるものである。日本における会議の目的も結論を出したり，決定することが目的である

が，これ以外の目的も加わる。日本の会議では，欧米のように参加者が他の参加者に気兼ねせずに自由に自分の意見を主張することが可能であっても，事実上，それが難しい場合が多い。参加者の構成員の序列に応じて発言力の重さが異なり，組織の人間関係に配慮した発言や決定がなされる場合がある。日本における会議は，欧米のように効率的に意思決定を行うためのみでなく，たとえ発言をしなくても，組織の構成員が会議に参加していること自体に意義がある。日本社会では，組織の構成員として周りの人から認知されることが重要であるが，そのための証の1つが会議への参加を認められることである。

　欧米並みに会議を必要最低限まで減らすとすると，日本人は自分が組織の構成員の一員として認められ，受け入れられているのかについて不安に感じるだろう。したがって，日本における会議は，組織，とりわけ企業にとっては，労働者の精神的な安定や安心，企業内の一体感の醸成という目的が加味され，会議の数が多くなっていると考えられる。

　なお，日本における組織の問題点としては，組織内の序列や秩序，人間関係が優先される結果，自由な意見表明が控えられ，組織内で不正があっても，それが隠蔽されるなど，自浄作用が働きにくい点などをあげることができる。

　会議が多いと，企業における滞在時間で測った労働生産性にマイナスに作用することを先に指摘したが，日本では労働時間自体が長くなることで，労働生産性にマイナスの作用をする可能性も指摘できる。欧米では，仕事が個人ベースであり，貢献や成果がみえやすいので，貢献に応じた支払いが可能である。日本の場合は，数人以上で一緒に仕事をするため，一人一人の貢献が不明確であり，貢献に応じた報酬を決めにくい。また，先に指摘したように，貢献に応じた報酬格差を認めると，組織内の人間関係がぎくしゃくするおそれがあるので，日本では，通常，これは回避されている。日本では，個人ごとの貢献がみえにくいので，目にみえる貢献の指標として労働時間が選ばれやすい。そのため，労働者が安心と生活の源泉である運命共同体の企業に貢献しようとすると，労働時間が長くなると考えられる。

　数人以上で仕事を行っているある部署で，仕事の遅い人がいると，その人に合わせて，労働時間を長くしたり，その部署の管理職も先に帰らないと，その部署全体として労働時間が長くなる可能性がある。また，それを見た他の部署

は，その企業内の「世間体」の圧力により，早く帰れず，労働時間を伸ばそう
とするかもしれない。この点に関して，山本（2015）は，日本の企業では，実
際に働いている「働き人間」と忙しそうに振る舞っているだけの「動き人間」
の両方が混在していると指摘した。

　また，企業間競争に勝ち残るために，製造業では，技術革新によって製品の
質を高めようとするが，サービス業では，サービスの質を高めることには限界
があるので，深夜を含めて，開店時間を延長するという戦略をとるケースが多
くみられる。これには，日本人の顧客重視のおもてなしの精神も影響している
可能性があるが，このようなケースも，労働時間の増加の一因になる。

　日本では，アメリカなどの欧米先進国と比較して，男性が仕事，女性が家庭
の役割を担う性別役割分業の志向が肯定的に受け入れられているが，この志向
によって，男性が企業を重視し，長時間労働を受け入れることが可能になる。
したがって，川口（2008）が指摘しているように，日本における性別役割分業
の肯定的な受容と長期雇用・長時間労働の雇用慣行は，相互に補完的な関係に
あるといえるだろう。

## 6．日本型の教育

　教育を受ける目的の１つは，それが将来の就職につながるからである。日本
では，企業が従業員を採用する際に大学卒業以上を条件にするなど，学歴を考
慮する場合があるが，このような条件をクリアすれば，専門性の高い職種を除
いて，採用時にとりわけ重視されるのは，学力的な能力よりも人柄や周り人た
ちとうまくやっていけるかという点である。職種によっては，能力の高すぎる
人は，周り人たちが嫉妬や引け目を感じて，煙たがられる可能性もある。日本
の教育は，以下で示すように，企業が求める人材の養成に適合していると考え
られる。すなわち，日本の教育では，有能な人の飛び級はほとんど認めず，学
力の低い人の落第を極力出さないようにしている。このような教育では，能力
をもつ人の能力をさらに伸ばすことよりも，落ちこぼれる人を出さないことに
主眼が置かれているため，同じ年齢であれば，ほぼ同じ学力や能力をもつとい
う平均的な人間が養成される。このような教育制度の下では，長期雇用が主流

の日本において，企業が外れ労働者を採用するリスクが低くなり，雇う企業にも，雇われる労働者にも安心がもたらされる。

　日本における大学の位置づけも欧米とは違う。欧米では，大学は能力を身につけるために存在するのであり，身につけた能力は就職してから高い報酬として戻ってくる。大学院の修了生の評価は欧米では高く，高収入を得られるのに対して，日本では，専門外のことはわからず，プライドが高く，扱いにくそうなどの理由で，企業から敬遠され，研究職以外に就職の道が閉ざされるケースも多い。日本では，医者，弁護士，大学教員のような専門職を除き，大学在学時において，さらなる能力を身につけるメリットも薄い。なぜならば，高い能力を身につけても，企業に就職してから，それを発揮し，それが評価され，それが報酬に結びつくことがほとんどないからである。就職において，人間関係が重視されていることを考えると，大学生が大学での学習にすべての精力を注ぎこむよりも，ゼミナール，サークル，アルバイト，旅行などの経験を通じて，大学生活を謳歌し，多様な人たちとの人間関係を学ぶことに重きを置くのは合理的であるといえる。

　ただし，日本の企業は，学歴によって初任給に差をつけているので，大学卒業生の潜在能力を評価していると考えられる。それゆえ，日本における大学の意義は2つである。1つは，大学入試による潜在能力者の選抜機能であり，大学入試によって，受験勉強に耐えられるだけの忍耐力，合格するだけの思考力や知識をもっている人を選抜できる。もう1つは，学生生活を通じて多様な人たちとの交流の場を大学が提供できることであり，大学生は社会に出て必要となる人間関係を学ぶことができる。

　したがって，日本の大学も，欧米の大学と同じように大学生に勉学に専念させ，大学時代にさらなる能力を身につけさせようとするような改革を行ったとしても，教育制度と企業制度が相互に補完的となっている限り，そのような改革はうまくいかないだろう。他方で，グローバル化などの環境変化によって，日本人の社会規範が欧米型に変化し，日本の企業も欧米型に近づけば，そのような状況になってはじめて，大学を含めた日本の教育制度も欧米型に変化せざるをえなくなるだろう。

## 7．日本人の労働観

　欧米人にとって労働は，生活の糧を得るための手段であり，自由な時間を謳歌するために，なるべく早く退職したいと考える傾向にある。他方で，日本人は，欧米人と同様に，労働は生活の糧を得るものであるものの，それ以上のプラスの価値をもつものであると認識されているようである。

　第Ⅱ部の実証分析によると，日本でも，欧米型の考え方が浸透して，働くことが重要であるという意見に肯定的な回答の比率は，経時的に低下の傾向を示しているが，それでも肯定的な回答の比率が否定的な回答の比率を上回っており，日本人の労働重視の考え方に大きな変化はないであろう。

　Benedict（1946）は，日本人は人間と仕事を極端に同一視するため，その人の行為や能力に対する批判は，自動的にその人間そのものへの批判となるので，職業上の過失に触れないのが礼儀であると論じた。日本人は，周りの人や社会からの評価，すなわち，名誉を非常に気にするが，自分と自分の仕事を同一視しているとすれば，日本人は，周りの人や社会からよい評価を得るため，そして自分の名誉を汚さないために一生懸命働くであろう。日本では，働き盛りの年齢の男性が働かずに家にいるとすれば，世間から変わり者か，もしくは当人に何か問題があるのではないかと疑われるであろう。

　仕事や労働については，世間の目に加え，本人にとってプラスの面もあるだろう。日本人は，自分が直接関係する生活圏，すなわち，所属する家族や企業における人間関係を大切にして，そこから安心，安全，安定を得ているが，所属する企業での人間関係は仕事を通じたものである。したがって，自分の仕事を大切にすることは，一緒の仕事をする職場仲間との人間関係を大切にすることにつながる。

　そして，山本（2015）や寺西（2018）が指摘しているように，仏教の教えの基づき，仕事や労働はあたかも修行のように，自己鍛錬を通じて，自分が成長したり，精神的な充足をもたらしてくれる場合もあるであろう。

　以上，まとめると，日本人にとって，仕事や労働は，それを通じて職場や世間とつながる接点となっているのであり，仕事や労働をきちんとこなすこと

で，職場から仲間として認められ，世間から一人前の人間として認められる。そして，仕事や労働を通じて，自分を成長させ，精神的な充足を得られることもあるので，日本人にとって，仕事や労働は，欧米人とは違う特別な価値をもつものと考えられる。

　なお，日本人の仕事や労働の重視は，経済の発展にプラスになるものの，それに注力しすぎると，その他の面，すなわち，趣味や遊びがおろそかになり，仕事以外での人間関係の構築ができない可能性がある。仕事人間が退職すると，仕事以外での人間関係が構築できていないため，「社会的孤立」を招き，抜け殻のような老後を過ごすという問題が起きる可能性がある[17]。

## 8．労働観における
## 　　プロテスタンティズムと日本の仏教や武士道との類似性

　Weber（1920）は，プロテスタンティズムを説明する際に，ベンジャミン・フランクリンの考え方とバックスターの考え方を紹介している。前者の考え方は，人生の目的はひたむきな努力によって貨幣を獲得すること，資本を増加させることであり，これを達成するためには，信用が重要であり，信用を得るためには，正直，時間に正確，勤勉，節約が有益であると主張するものであり，後者の考え方は，労働は禁欲の手段であり，あらゆる誘惑を予防するために，労働に励むべきであると主張するものである。このようなプロテスタンティズムの考え方は，日本人に特有の労働観と類似していると考えられるので，以下ではそれをみていこう。

　山本（2015）は，日本人に特有の労働観の起源として，江戸時代に注目している。山本（2015）によれば，鈴木正三，石田梅岩，上杉鷹山にとって，さらには大名であれ，商人であれ，私欲なき経済合理性の追求とそれに基づく労働は仏行であり，それ自体が善であり，生産活動や商業活動は精神的な充足を得られる神聖な業務であるとみなされる。寺西（2018）も江戸時代に注目し，江戸時代の通俗道徳の徳目は，勤勉，倹約，正直を柱とするものであり，日常の職業生活における厳格な鍛錬による切磋琢磨と自己規律，自己変革が要請され，その中から，日本の「ものづくり」精神や顧客・生産者関係が生まれてき

たと論じる。寺西（2018）によれば，そのような道徳の徳目の起源は，鎌倉時代の新仏教にあるのであり，新仏教では，農民であれ，商人であれ，利潤だけでなく，煩悩を払うために，自己鍛錬にいそしむことが宗教の実践となるのである。

　また，日本の封建時代における武士の精神的支柱になった武士道を紹介したNitobe（1899）によれば，仏教，神道，孔子の教えを基礎とする武士道において，精神を鍛錬するために，私利私欲を追求せず，質素や倹約に励むことはよいこととされ，卑怯，臆病，礼儀知らず，不誠実な行為は，名を汚すものであり，避けるべきものとされた。

　プロテスタンティズムと日本の仏教のいずれも，労働に励むことで誘惑や煩悩を断ち切ることができるので，労働自体が価値をもち，正直，勤勉，倹約を実践することで信用が得られると主張しているところは共通点であると考えられる。また，武士道が重視する名を汚さないための誠実な行為や質素・倹約の推奨は，プロテスタンティズムと共通しており，これも人々の信用を高めるように作用したと考えられる。人々の信用を高めるということは，取引を促進することになるので，経済発展を早め，より大きな経済発展をもたらすと考えられる。日本が明治維新以降に急速に経済発展し，第二次世界大戦後も急速に経済復興・発展したのも，日本人の労働観や社会規範が経済発展と整合的であったからだと考えられる。

　営利，とりわけ暴利を敵視するプロテスタンティズムの下で近代資本主義が育まれ，同様に，営利や暴利を敵視する仏教や武士道の精神を受け継いだ日本において，急速な経済発展が成し遂げられたことは，現在，営利主義に基づく資本主義が一般化している状況からみると，逆説的で興味深いといえるだろう。

# Ⅲ-Ⅲ. 日本における政府，政治，公共政策

## 1．日本人の権力観

　第Ⅱ部の実証分析によれば，近い将来の変化として，権威や権力がより尊重されることについては，日本人の多くがそれを悪いことと考えている。また，民主主義において国民が為政者に従順であることが必須であるかについては，日本人の多くがそれに対して否定的である。さらに，強大なリーダーによる政治が好ましいかについても，日本人の多くがそれに対しても否定的である。それゆえ，日本人は，権威や権力の尊重を嫌い，特定の人に権力が集中することを警戒しているといえるだろう。

　このような考え方は，河合（1999）が指摘した「中空構造」と共通するものであり，また，日本人に特有な社会規範と整合的であると考えられる。日本人の社会規範は，周りの空気を読み，自制し，他人に配慮することであるが，各人が互いにこのように行動することで，周りの人に犠牲を強いても，私利私欲を追求するような横暴な権力者の出現は抑制され，互いの安全が図られ，みんなが安心した生活を送ることができる。日本人に特有な社会規範は，横暴な権力者の存在とは整合的ではない。日本の社会規範の下では，ひとたび特定の人が権力をもち，その行使を許してしまうと，他の人が権力をもつ人との対立を避けようとし，それに歯止めが利かなくなって，日本に特有の社会規範自体が崩壊するおそれがある。日本において，一部の人が権力を握り，その暴走を止められなかった例として，日本の戦争における軍部の権力掌握があげられるだろう。このような事態を事前に回避するための装置として，権力の尊重や集中を嫌う考え方が定着していると考えられる。

　日本の社会規範は，互いに配慮し合うことで，相互の利益や安全が確保され

る仕組みなので，そのバランスが崩れないようにするためには，権力が特定の
人に集中しないことが必要であり，権力の尊重や集中を嫌うという日本人に特
有の考え方は，日本の社会規範と整合的である。それでも，社会を組織的に動
かしていくためには，権力や権限を特定の人に与える必要が生じる。その場合
でも，Benedict（1946）が指摘しているように，日本では，権力や権限を与え
られた人は，それを自分自身のためのみに行使することは許されない。かつて
の日本，すなわち，封建制度の下では，トップの地位にある大名や将軍は世襲
であったが，その地位にある者は，武士道における徳に基づいて，その地位に
ふさわしい行動を求められており，ヨーロッパの専制制度下で絶対君主が行っ
たような自由な権力の行使は許されていなかった。日本でも一揆のような抵抗
はみられたものの，大名や将軍は概ね，その地位にふさわしい行動をとってい
たと考えられる。現代においても，日本の経営者は，消費者を含めた社会や自
社の労働者への配慮を求められている。日本のマスメディアは，総理大臣を
はじめとする政治家に対して批判的であり，権力を監視する機能が強い。この
ようなマスメディアのあり方も，日本人の権力の尊重を嫌う態度と整合的であ
る。

　日本で最も権威のあるものの1つとして天皇が存在しているが，天皇は権力
や財力の制限を受けており，振る舞うべき行動についても，国民に受け入れら
れるものでなければならない。このような条件に合致していることで，日本人
の考え方や社会規範と整合性が図られていると考えられる。

　なお，日本人のこのような権力観は，私利私欲のみを追求するような独裁者
の出現を回避しやすいというメリットがあるものの，変化が必要な時期におい
て，変化を先導するような強力なリーダーシップをもった人が出現しにくいと
いうマイナスの側面も持ち合わせている。

## 2．新型コロナに対する政府の対応と国民の反応

　新型コロナが蔓延した2020年には，フィリピンやインドなどのアジア諸
国，オーストラリアなどのオセアニア諸国，アメリカなど，世界中の多くの国
はロックダウンを行った。ロックダウンは，国によって法的な強制力は異なる

ものの，特定地域への人の移動を制限したり，外出を規制するものであり，違反すると罰金を科すケースもある。

　諸外国と日本の違いは，日本がロックダウンという強い措置を採らずに，緊急事態を宣言して，不要不急の外出自粛を呼びかけたことである。諸外国は，政府が権力を行使して，強制的な措置を取ったのに対して，日本では，政府による強制力のある権力の行使が控えられ，国民の自主性を尊重する「自粛」という方法が採られたのである。

　この方法は，権威や権力の尊重を嫌い，特定の人に権力が集中することを警戒するという日本人の考え方と整合的であるといえるだろう。そして，諸外国から見たら緩いとみなされるような自粛であるが，日本人の多くはこれに従ったと考えられる。日本人の多くが自粛した理由としては，日本における階層社会において，上位の者（政府）は，下位の者（国民）を当然のごとく配慮し，守ってくれるものという社会規範が大きく影響していると考えられる。すなわち，多くの日本人は，政府が国民の利益に反するようなおかしなことは行うことはないと考えているので，多くの国民は，政府の方針に従ったと考えられる。

　なお，政府の新型コロナ対応に対する各国の国民の反応においても，日本と諸外国で違いがみられる。アメリカやイギリスなどでは，ロックダウン反対やマスク着用の義務化反対，フランスでは，ワクチンの義務化反対などの抗議活動がみられたが，日本では，緊急事態宣言下での自粛中に，自粛に応じない人を私的に取り締まる「自粛警察」が登場した。

　これらの現象もそれぞれの国の社会規範を反映していると考えられる。第Ⅱ部の実証分析が示すように，欧米，特にアメリカでは，自由に大きな価値が置かれており，政府による強制的な措置は，それを正当化できる理由がある場合でも，人々の自由が奪われ，人権が侵害される場合は，それを許容できないと感じる人たちが存在する。他方で，日本人は安全や安心に価値を置いており，社会の秩序を乱し，他の人に感染させるリスクのある行動をとる人は許せないという考え方である。このような人たちは，みんなが我慢しているのに，他人への迷惑を考えない人を取り締まるために自粛警察となったと考えられる。

　日本の社会規範において，他人への迷惑は避けるべきという点はよい点であ

るものの，社会のすべての人を一方向に向かわせ，それからの逸脱を許さない
という点については，一度，社会が間違った方向に進んだ場合に，それを軌道
修正させることができなくなるという危険性があることに留意すべきであろ
う。

## 3．市場経済と政府の役割

　第Ⅱ部の実証分析によると，市場経済と政府の責任に関して，多くの日本人
は，一方で，現在も将来も民間企業を中心とする自由な市場経済が基本とな
り，最初に所得を得る段階では，市場経済の下で働いた成果に基づく分配を望
ましいと考えているものの，他方で，将来的には，政府が借金の増加を抑制し
つつ，再分配段階での政府による高負担・高福祉政策や政府による規制を支持
している。それゆえ，日本では，市場経済を基本としつつも，政府が一定の役
割を果たすべきであるとの考えが一般的であるといえるだろう。

　日本人にとって，生活面や精神面を含めて安心，安全，安定を与えてくれる
のが，自分が所属する家族と企業である。多くの場合に企業は民間企業であ
り，それを中心とする自由な市場経済は今後も維持する。他方で，欧米型の個
人重視の価値観の浸透により，家族の規模が縮小し，家族内の相互支援機能が
低下してきている。そのため，育児や介護を含め，家族の構成員を生涯にわた
りケアし，扶養するなど，家族がこれまで担ってきた役割が十分に果たされな
くなりつつある。また，企業においても，主流は長期雇用であるとはいえ，非
正規雇用も増加しており，企業がすべての従業員に対して生活の安定を保障す
る長期雇用を提供することは難しくなっている。そのため，政府が社会保障な
どの充実を通じて，従来，家族や企業が提供してきた役割を補完もしくは代替
する必要が生じている。

　今後も，日本はグローバル化のより強い圧力にさらされ，個人重視の価値観
のさらなる浸透が予想されるので，家族や企業が安心，安全，安定を提供する
という機能は低下していくだろう。現状では，これらの機能の補完もしくは代
替を期待されているのが政府なので，政府の役割がますます高まることが予想
される。

　他方で，日本では，高度経済成長期を経て，多くの需要が満たされた成熟社会に突入している。このような社会では，慢性的な需要不足とそれを背景とした低投資によって，経済成長が鈍化し，税収も伸び悩むことになる。他方で，高齢化などを背景とした社会保障支出の増加などによって，多額の財政赤字が続いており，累積した借金は将来世代への大きな負担の増加につながる可能性がある。日本人が価値を置く安心や安全を政府が提供していくためには，税率や社会保険料の引き上げなどを通じた負担の増加が生じるため，国民は，政府が提供する安心や安全に対してどこまで負担を許容できるかの判断を迫られるような状況が生じることになる。

## 4．なぜ日本では政府の財政赤字が拡大し，
## 　　それが是正されないのか

　ドイツを除く，アメリカ，イギリス，フランスなど欧米先進国は，日本と同様に，長期にわたり政府の財政赤字が続いており，債務残高も増加している。GDP に占める債務残高の比率も上昇傾向にある[18]。政府の財政赤字が拡大し，是正されない理由として，公共選択論からの説明づけと行動経済学からの説明づけがありうるであろう。それぞれを順次みていくことにしよう。

　第1に，公共選択論からの説明からみていくと，Buchanan and Wagner（1977）は，政府が経済を安定させるために実施されるケインジアンの政策，すなわち，不況時には財政赤字政策，好況時には財政黒字政策を採用することで長期的に予算の均衡を達成しようとする政策は，民主主義の下では，うまく機能せず，財政赤字偏重になると主張した。なぜならば，財政赤字を許してしまうと，その財源調達において政治家は，国民が痛みを感じる税は，選挙で不利になるので，それを課そうとはせず，国民が痛みを感じない借入，すなわち，公債発行に頼ろうとするからである。そして，痛みのない借入がさらに政府支出の拡大，すなわち，政府規模の拡大を助長することになる。

　第2に，行動経済学からの説明をみてみよう。行動経済学は，人間の心理的特性に注目する。その特性とは，Thaler（1981）がその存在を確認した「時間的非整合性」である。時間的非整合性とは，人間は長期的には忍耐強く，自制

的であるものの，短期的には近視眼的で，目先の利益に飛びつき，嫌なことは先送りにしがちであるということである。国民の多くがこのような特性をもっているとすれば，計画時点，すなわち，選挙前には，財政赤字の継続は，将来世代に負担を先送りする可能性があるので，それを望ましくないと認識し，増税を公約する政党に投票をするつもりであったとしても，実行時点，すなわち，実際の選挙になると，増税で生じる痛みを強く意識して，増税しない政党に投票するかもしれない。このような国民が多いとすると，政権をとりたい政党は，財政赤字でも，それを解消するような増税を公約に掲げようとしない。そして，そのような政党が票を集め，政権を担当することになると，財政赤字が継続することになる。

　財政赤字が継続して，それが解消されない説明づけとして，公共選択論や行動経済学からの説明は有効であると考えられるが，先進国間で GDP に占める政府の債務残高の比率を比較するとき，日本において，その比率が突出して高いので，そのような状況を説明する追加の理由も必要であろう[19]。その理由として，以下で示すような日本人の国民性に関係した 3 つの理由が考えられる。

　第 1 に，日本人は，周りの空気を読み，周り人の判断を基準として，自分の考えや行動を決める傾向があるので，周りの人の意見が財政赤字の継続に対して，反対でまとまらない限り，自分だけ声高に財政赤字に反対を表明することが難しいであろう[20]。このような日本人の国民性の弊害として，是正したほうがよい問題でも，誰もそれを言い出さずに，その問題が放置されるおそれがある。是正すべき問題の放置が起きているとすれば，「赤信号，みんなで渡れば怖くない」というような「集団的な無責任」が生じているといえるだろう。日本人における無責任体制の危険性については，河合 (1999) も言及している。

　第 2 に，日本人はリスク回避的であるという性質をもっているが，これが影響している可能性がある。この性質は，一方で，将来の財政破綻を避けたいという誘因になるものの，他方で，リスク回避の大きな原因は損失が生じる可能性を除外したいという点にもあるため，この点が重視される場合には，課税が損失とみなされて，課税が極力避けられる可能性がある。この場合には，課税，とりわけ財政赤字が解消されるような大きな課税は難しくなり，財政赤字が続くことになる。

　第3に，日本人は抽象的な思考が苦手であるという性質をもっているが，これが影響している可能性がある。日本人は身近で実感できるものを重視するが，日本人にとって財政赤字が身近に感じられず，それを実感することは難しく，将来，起こりうる問題に思いをはせることも難しいかもしれない。このような場合には，財政赤字の継続を大きな問題と認識することは難しく，これが放置される可能性が高まる。

　なお，これまで日本社会が大きく転換できたのは，外圧などのように外国からの影響を大きく受けたときである。江戸時代における外国からの開国の要求や黒船による威圧などによって日本の近代国家への道が開かれ，第二次世界大戦後の GHQ による占領政策によって日本の民主国家への道が開かれた。将来，財政赤字の継続による債務残高の拡大が大きな問題になった場合には，その解決には外国や国際機関の力を借りる必要があるかもしれない。

## 5．日本の医療制度

　日本では，高齢化が進み，それが社会保障支出を押し上げ，それが財政赤字の要因の1つになっている。ここでは，社会保障制度の1つを構成する医療制度を取り上げてみよう。

　日本の医療制度は，諸外国と比較するときに，いくつかの特徴をもっている。これらは日本人の社会規範に適合しており，適合しているからこそ，長期にわたり安定的に存続してきたと考えられる。

　日本の医療制度の第1の特徴は，「自由開業医制」と「フリーアクセス制」である。日本では，原則的に，医者がどこで開業するかは自由であり，患者もどの医療機関で受診するかは自由である。第Ⅱ部の実証分析でみたように，日本人は企業の政府所有に否定的であり，企業の私的所有に肯定的である。日本の医療機関もその多くを民間の医療機関（個人および医療法人）が占めている[21]。

　さらに，第Ⅱ部の実証分析でみたように，日本人は，権威や権力の尊重を嫌い，為政者への権力の集中にも否定的である。そして，日本人は社会秩序の維持には肯定的であるが，私的な領域では個人の自由を認める傾向にある。この

ような日本人の社会規範は，医者の開業の自由や患者の医療機関へのアクセスの自由と整合的である。これらの私的な行動に政府が介入できる場合でも，医療の供給体制に対する都道府県知事の緩やかな介入や患者に対する「かかりつけ医」の推奨に限られている。イギリス，フランス，スウェーデンなどのヨーロッパ諸国は，かかりつけ医が登録制になっており，日本と比べて，患者の医療機関へのアクセスに制限がかかっている[22]。

　日本の医療制度の第2の特徴は，「国民皆保険制度」であり，日本では，すべての国民が公的医療保険に加入することになっている。この制度に加入していれば，年齢などで異なるものの，一般的に3割の自己負担で医療を受けることができる。この制度は，強制加入であり，個人の選択の自由を損なうものの，第Ⅱ部の実証分析で明らかにしたような日本人が大きな価値を置く安心や安全を提供できる制度であり，日本人の社会規範に沿う制度であるといえる。公的医療保険制度のうち，加入者数の多い保険制度は，健康保険組合と協会けんぽなどの被用者保険制度であり，これらの保険制度では所属している企業も保険料を折半して負担している。それゆえ，日本人の安心や安全の主要な源泉と1つとなっている企業は，医療においても重要な役割を果たしていると考えることができる。

　日本では，公的医療保険制度が拡大していく過程において，1つの大きな制度をつくらず，既存の制度を生かし，必要に応じて，新たな制度をつくるなど，漸進的な改革を行ってきたが，これは，第Ⅱ部の実証分析でみたように，大きな変化を嫌う日本人の考え方と整合的である。そして，公的医療制度の財政上の脆弱性に対する対応についても，抜本的な対応はせず，微調整を繰り返してきた結果，財政調整の制度が複雑になっている。複雑な制度では，制度についての理解が難しくなるため，何が問題かがわかりにくくなると考えられる。是非は別にして，そのような制度は，責任の所在もわかりにくくなるので，責任を回避し，社会からの非難を回避したがる日本人の考えに合っているといえるだろう。

　諸外国をみると，イギリスは，財源を税金で運用して，利用時に原則無料の国民保健サービスを採用しており，アメリカは民間保険が中心である。日本人にとって，イギリスのような制度は，政府に依存しすぎると感じられ，アメリ

カのような民間保険では，一定数の無保険者が発生するおそれがあるので，安心や安全が損なわれると感じられるだろう。そうだとすると，現行の国民皆保険制度は，日本人に適合しているといえるだろう。

　さらに，日本では，医療の価格は，アメリカのように市場で決まらず，政府（厚生労働大臣）が中央社会保険医療協議会の答申に基づいて決定している。中央社会保険医療協議会の委員は，支払側（企業，保険者，労働者の代表），診療側（医者や医療機関の代表），公益側（医療制度に詳しい学者）などから成り，医療の価格を決定する際に，医療費を負担する側，医療費を収入として受け取り医療機関を経営する側，社会全体の観点から適切な医療費を考える側などのさまざまな視点が考慮される。

　したがって，日本における医療の価格設定は，医療費を負担する人にとっても，そして，それを受け取って生活していく立場の人にとっても，安心を与えてくれる制度といってよいだろう。日本の医療制度は，医者の偏在や公的医療保険財政の悪化など，さまざまな問題を抱えているものの，日本人の社会規範には概ね適合した制度といえるだろう。

## 6．なぜ日本人は決定を保留し，立場を鮮明にしないのか

　第Ⅱ部の実証分析における日本の回答と他国の回答を比べると，大きな違いが現れている。1つは，「わからない」の回答が多いことである。とりわけ，判断が難しい質問のときに，この傾向が強く出ている。もう1つは，はっきりした態度表明の比率が少なく，「やや○○」という回答を選択する人の比率が多いことである。

　日本人の多くが「わからない」の回答を選択したり，はっきりした立場を示さない理由として，大野・森本・鈴木（2001）が指摘しているように，日本人は論理より感覚を重視する国民であり，自分の生活に直接関係しない社会全体に関する事柄や抽象度の高い事柄については，日常的に考える習慣がないことが考えられる。さらに，日本人は，普段から他者との対立を避けるためや他者に嫌われるのを避けるために，価値観に触れる政治に関わる話題を避けたり，自分の意見を強く主張したり，自分の立場を鮮明にすることが控えられる傾向

にあるので，このような習慣が回答に反映した可能性があるだろう。また，リスク回避の傾向が強い日本人は，重要な問題に対する判断では，早急に結論を出して間違えることを恐れて，時間をかけて慎重に判断しようとするため，決められた時間内では，結論に至らなかった可能性もあるだろう。

　第Ⅱ部の実証分析における保守か革新かの観点から政治的な立場を尋ねた質問に注目すると，日本の回答における「わからない」および「無回答」の回答の比率は 3 割弱である。回答者のほぼ半数は中間周りの回答を選択しており，かなりの比率の回答者が保守か革新かの立場を鮮明にしていない。

　日本の国民性として社会にとっての重要な問題について判断を保留したり，極端な立場に立つことを回避する傾向があるとすると，選挙で当選しようとする政治家は，極端な立場に立たないほうが有利になる。自分の政治的立場を鮮明にせず，重要な問題はすべて取り上げ，優先順位を明確にせず，すべてに対応するというような玉虫色の選挙公約が国民にも受け入れやすいと考えられる。そして，実際にそのような行動をとる政治家が多いと思われる。これは政治家が悪いというよりも，政治家が当選するために合理的に反応した結果であると解釈できる。

　それゆえ，日本では，選挙においては，当選したい候補者は，自分の立場を鮮明にせず，総花的な政策を掲げるため，どの候補者も政策に大きな違いがなく，政策よりも，候補者の知名度や人間性，所属している政党への信頼度などで選挙結果が決まってくると考えられる。日本では，政治家の家庭で育った二世の政治家がしばしばみられるが，二世の政治家は，素性がわかりにくい新しい政治家より安心感を与えるため，日本では有利に作用すると考えられる。

　日本において，選挙における投票率が低いのは，どの候補者が勝っても，政策が大きく変わるわけではないこと，さらに，日本では，日本特有の社会規範，すなわち，政治家の地位を含めて，社会におけるさまざまな地位において，その地位に就いた人間はその地位にふさわしい行動をとるであろうという暗黙の前提が共有されているので，どの候補者が勝っても，社会が大きく変わるわけではないと多くの人が思っているからだと考えられる。そして，このようなことが現実に生じているので，それが日本における投票率の低さに現れていると考えられる。

　日本では，世間体重視の規範が強く，権力行使の行き過ぎに規制がかかる。政治的には，国民は大きな変化を望まないため，政権交代があったとしても，社会的に大きな変化を起こすことは難しい。政党が特定の集団の利益を強く主張するのも難しい。政権を取りたいすべての政党の政策は，似たような政策になる。したがって，日本では，すべての利益を代表するような政党が一度政権をとると，長期の安定政権ができやすい傾向がみられる。

## 7．なぜ日米間でのマスコミへの信頼度が違うのか

　第Ⅱ部の実証分析では，マスメディアへの信頼度は日本で高く，アメリカでは低いという結果が得られた。このような結果が得られた理由として，日米両国の国民性の違いを反映している可能性がある。アメリカでは，自己主張が評価され，態度を鮮明にすることが求められる。大統領選挙では，有権者は支持する候補者をはっきりさせ，その候補者を熱心に応援する。そして，候補者同士においては，他方の候補者を攻撃することが重要な戦略になっている。マスメディアも市場の競争にさらされており，読者や視聴者が求めるものを提供しないと生き残れない。アメリカにおける読者や視聴者は，自分が支持する候補者の側に立ち，対立候補を攻撃するようなマスメディアの報道を求めているとすると，候補者のどちらにも肩入れしない中立的なマスメディアは，アメリカの読者や視聴者には受け入れらないであろう。候補者の一方の立場に立つマスメディアがそれぞれの側に立つ読者や視聴者に受け入れられ，市場の競争で生き残ることになるだろう。このような場合には，マスメディアは一方の候補者に肩入れする偏重報道となるので，報道の中立性は失われ，マスメディアの信頼性は低くなると考えられる。

　他方で，日本の場合には，個人の自己主張は抑制され，日本人は周りの空気を読むことが求められる。日本人は政治や宗教など，特定の価値観や考え方を明確にしなければならないような領域にあまり踏み込もうとしない。これは，価値観や考え方の違いによる個人間の軋轢を避けるためであると考えられる。このような国民性をもつ日本人がマスメディアに求めることは，マスメディアが特定の立場に立ったり，特定の価値観や考え方に偏ることなく，マスメディ

ア自身の主張を抑え，事実関係をできるだけ客観的に伝えようとすることである。このようなマスメディアは，日本人の国民性と整合的であり，このようなマスメディアが日本の市場で支持され，生き残るであろう。このようなマスメディアは，公平中立で，偏重報道を行わないので，信頼性は高くなると考えられる。

## 8．日本人の政府観

　第Ⅱ部の実証分析によると，日本人の多くは，政治に関心をもっており，人生において政治は重要であると考えている。他方で，多くの日本人は，政府を信頼していない。政治が人生において重要であるという点については，これまで日本人にとって，家族や企業が安心，安全，安定の源泉となっていたが，家族内や企業内における生活保障機能や相互支援機能が低下しているので，それを政府が補完もしくは代替する必要性が生じているので，日本人は政治に関心をもち，政治が重要であると考えていると思われる。

　他方で，日本人の多くは，政府を信頼していないが，それには以下の理由が考えられる。中根（1967）が指摘しているように，日本人は，濃密な人間関係を築くことができ，直接，安心，安全，安定を得られる生活圏，すなわち，所属している家族や企業との関係を重視し，そこでの人間関係の維持や自己の居場所の確保に注力している。このような生活圏では，直接的で濃密な人間関係をベースとした信頼関係が成立している。他方で，政府は日本人にとって身近な存在とはいえず，政府の構成員とも直接的な人間関係は築けず，信頼関係は成立しにくい。政府の政策の多くは，不特定多数の人の利害に対応したものであり，自分に対してのメリットを感じにくくなっている。日本人は，このような政府に対しては，信頼を置けるとはいえず，あまり信頼できないという評価を下していると考えられる。さらに，日本人は，権力の集中や権力の行使を嫌い，日本のマスメディアもそれに対応した権力批判の報道を展開しているので，日本人は権力が集中する政府に対して否定的な見方をしている可能性もある。

　なお，日本人は政府をあまり信頼していないものの，政府の構成員も日本人

がもつ社会規範を共有しているとすれば，政府の構成員もその立場にふさわしい行動をとらなければならないという社会的圧力にさらされることになる。それゆえ，少なくとも政府はひどい行動をとらないと国民が信じていると考えられる。本当にひどい行動をとっているのであれば，政府に不満をもつ人たちが政治運動を起こし，新しい政党を立ち上げて，投票率も上がり，その政党が大きな政治的支持を受けると考えられる。日本では，政府に不満をもった人たちが政治運動を行い，それが盛り上がるというような動きはほとんどみられていない。それゆえ，日本人の多くは，政府を信頼するに至っていないものの，政府の行動は許容範囲内にあるとみなしているのであろう

## 9．日本人と民主主義

　第Ⅲ部の実証分析では，民主的な政権がよいか悪いかを尋ねているが，日本における回答の内訳では，「非常によい」が4割強，「ややよい」が4割弱である。日本人の多くが肯定的であり，日本では民主主義が概ね受け入れられているといえる。

　組織化されているいかなる社会においても，国のかじ取りをする為政者を決めなければならず，その人には権限や権力が集中することになる。そのような人の決め方として，日本では，民主主義が受け入れられていると考えられる。民主主義は完全な制度ではないものの，現在では，民主主義しかほとんど選択肢はなく，国民の多数はそれを受け入れていると考えられる。

　他方で，日本では日本人が共有する社会規範，すなわち，「世間体という監視」の下に人々が，周りの空気を察して，自制し，互いに配慮し合い，それぞれの立場で，その立場にふさわしい行動をすべきという規範が生きていると考えられる。それゆえ，日本では，民主主義を通じて選ばれた為政者は，その立場を利用して自由に権力を振るうことは許されず，国民のことを配慮するなど，その立場にふさわしい行動をとると考えられる。外国における人間関係は，立場が上の人間が権力を行使して，立場が下の人間がそれに従うという関係が成り立つが，日本における人間関係では，中根（1967）が指摘しているように，立場が上の人間が立場の下の人間のことを配慮するという情緒的な要素

が入るので，単純に権力関係をかさに，立場の下の人間が立場の上の人間に従
わされるということには抵抗感があると考えられる。

　民主主義の役割の１つは，リーダーを選ぶことにあるが，河合（1999）が指
摘したように，日本では，全体のバランスをとる調整型がリーダーになりやす
く，強権発動型のリーダーは，日本の国民性に合わない。社会が安定し，変化
の少ない時代には，調整型のリーダーがふさわしいが，変化が大きく，社会も
変革しなければならない時代には，このようなリーダーが先導して，迅速に社
会の改革を行うことは難しい。

　現代の世界は，グローバル化や情報化が進み，社会の変化が大きく，不確実
性も高い状況にあるが，このような時代には，力の強いリーダーが主導権を発
揮して，社会の変革を進める必要があるが，日本では日本の国民性からそれが
難しい状況にある。アメリカや中国は強いリーダーの下で，世界における自国
の地位を高めていると考えられる。日本では，国の内部から社会を変えること
は難しく，これまでは，外国の圧力を利用したり，日本より先を行く外国をモ
デルとして国を変革してきた。具体的には，乙巳の変後の唐からの律令制度の
導入，明治維新後の封建国家から列強を目指した富国強兵国家への転換，第二
次世界大戦後の民主国家への転換である。

　また，民主主義がうまく機能するためには，自分自身に関わる範囲を超えた
国や世界全体に思いをはせる必要があり，現在のみならず，将来にも思いをは
せる必要がある。空間的にも時間的に広い視野が必要であり，そのような視野
の下で，さまざまな政策の効果を判断できなければならない。そして，政策の
是非の判断では，自分やその周りの人のみならず，国全体や世界の人への影響
も考慮する必要がある。その際には，個人の利害のみならず，主義や思想が重
要な役割を果たす場合もある。

　和辻（1979）は，ヨーロッパでは，普段の生活の中に共同体の要素（共通の
建物に居住，公園が庭の代用，図書館が書斎の代用など）があり，公共への関
心やデモクラシーが育まれるが，日本では，家の門で公私を分け，個人宅の中
に庭や書斎があると指摘した。このような生活様式から，日本人は公共への関
心が薄く，公共に積極的に参加して，自己主張するよりも，公共によって，私
の生活が脅かされなければよいと考える傾向があるようである

　中根（1967）が指摘しているように，日本人は序列はあるが，相互に安心できる人間関係を大事にして，主にその範囲で暮らしており，自分が所属する家族や企業など，直接的な人間関係や実感できるものを重視し，感覚的なことには優れているものの，自分が実感できない範囲の世界や主義・思想などの実感しにくい抽象的な概念に思いを巡らすのは苦手である。民主主義では，議論を戦わせることが重要であり，その際には論理的な思考が不可欠である。しかし，日本人は，人間関係を重視する生活を送ってきたため，論理的思考が鍛えられておらず，論理より人間関係を重視した発言をすることも多い。日本人が論理的な議論を展開できるのは，研究のような人間関係が入り込まないような限定された分野のみである。

　民主主義は，個人の自由，平等，権利を重視する欧米型の価値観と適合する制度であり，それが日本に導入される際には，制度としては，欧米諸国と同じだとしても，その内容や考え方は，日本の社会規範と整合するように変質していると考えられる。例えば，論理に基づく論争の欠如，論理より情緒の優先，政策論議より人間関係への配慮の優先などである。日本では，日本に特有の社会規範が影響して，欧米諸国と比べて，民主主義がうまく機能しにくい状況にあるといえるだろう。

## 10. 日本人と革命

　鯖田（1966）は，「旧約聖書」において，神の創造物である人間は特別な地位にあり，中心となる人間はキリスト教徒たるヨーロッパ人に限られ，ヨーロッパ人はさらに支配階級と被支配階級に分けられると主張し，そして，ヨーロッパの支配階級は少数の特権階級であり，浪費は美徳であり，階級間断絶が大きく，完全な横割りの強い身分意識が存在すると主張した。鯖田（1966）は，このような身分意識や階層意識の重圧に対する反動として，自由や平等などの個人の意識が噴出し，革命が起こるが，他方で，日本では，上の者が下の者に分け与え，下の者が上の者に奉仕するため，相互依存関係が大きく，君主は質素であり，日本では，階級意識が弱く，家族意識が強いと論じた。

　鯖田（1966）の考察から，ヨーロッパは，横割りの階級社会であるため，階

級間断絶が強く，それへの反動で革命が起きるが，他方で，日本では，階層は
存在するものの，階層間での相互の利益交換や感情の交流（安心感）があり，
それぞれの地位に応じた行動を求められるので，階層間の対立関係は解消され
ると考えられる。したがって，日本では，ヨーロッパでみられるような革命，
すなわち，抑圧されている被支配層が，特権を得ている支配層を武力で倒し，
支配層を徹底的に排除するような革命はみられていない。

　明治維新では，大きな社会変革が生じており，梅棹（2002）は，明治維新を
ブルジョア革命とみなしている。ただし，明治維新では，形式上は，徳川が
政権を天皇に返したという形をとっており，Benedict（1946）が指摘するよう
に，明治維新後も日本社会を特徴づける階層構造は維持され，従来の封建的な
階層構造が天皇を頂点とする単純な階層構造に置き換えられたにすぎないとい
う見方も成り立つ。

　Benedict（1946）は，ヨーロッパでは，産業の発展で中産階級が優勢になっ
たが，階級の固定性が大きく，階級闘争で，貴族の財産を没収したので，革
命が起きたと論じた。また，Benedict（1946）は，日本では，身分制度はヨー
ロッパほど固定的ではなく，階級間移動の２つの方法があると論じた。1つ
は，金貸しや商人が，抵当権（土地を担保）を利用し，地代を取り立て，地主
となる方法であり，もう１つは，豪商（A家）が武士（B家）の息子を娘の婿
養子とし，自分の家（A家）を武士の子孫とする方法であり，階級間の通婚
も許されていた。

　それゆえ，ヨーロッパで革命が起きた一方で，日本ではヨーロッパで起きた
ような革命が起きなかった理由として，ヨーロッパでは，階級の固定性が大き
く，上下が分断していたため，支配・被支配関係による軋轢が大きかったのに
対して，日本の封建制度においては，階層間の移動も可能であること，さらに
は，上位者の横暴は許されず，上位者はその地位にふさわしい行動が求められ
たため（そうしないと名を汚すことになる），階層間の軋轢が大きく緩和され
ていたからであろう。

　中根（1967）が指摘するように，日本の社会はタテ社会であり，かつての
ような封建社会ではないもの，現在でも，人間関係の中に情緒的な交流をと
もなう序列や階層性が存在すると考えられる。そして，現在でも，Benedict

（1946）が指摘したような「世間体」の圧力は，日本において依然として存在
しており，立場が上の人間は，立場が下の人間に配慮し，世間の基準に照らし
て，その地位にふさわしい行動を行うべきであるという社会規範は生きている
と考えられる。このような社会規範が生きている日本では，階層のもつ意味が
ヨーロッパと異なり，階層間の対立や緊張関係が緩和されるため，階層間の対
立や軋轢にともなう革命は起こりにくいと考えられる。

## 11.　なぜ明治維新は起きたのか

　明治維新は，ヨーロッパでみられるような革命ではないものの，日本社会に
大きな変化を引き起こした。Benedict（1946）が指摘しているように，徳川幕
府は封建制度を維持するために，士農工商の身分制度を敷き，経済発展を抑制
したが，経済発展を抑制したことのツケが回り，19世紀の徳川幕府の崩壊時
には，日本と欧米の列強とは経済力を背景とした軍事力に大きな格差が生じ，
アメリカとの通商条約も拒めない状況にあったと考えられる。

　当時の世界で一流国，すなわち，列強の仲間入りをするためには，「富国強
兵」，すなわち，経済を発展させ，その富を使って兵力を強化することが必要
であり，そのためには，経済を抑圧する封建制度を改める必要があり，それが
明治維新の大きな契機になったと考えられる。

　Benedict（1946）によれば，改革を推進したのは，下級武士階層（大名の御
側用人として藩の事業を経営してきた武士）と商人階級（武士の身分を買い取
り，生産技術を普及させた商人）の特殊な連合であり，経済活動に関わる階層
が改革を主導したので，経済発展が国の大きな目標であったことがうかがわれ
る。

　明治維新は，国内における被支配階層と支配階層との緊張関係が高まり，被
支配階層が支配階層を武力で駆逐しようとするようなヨーロッパ型の国内事情
による社会変革とは異なり，日本より先を行く外国の力を思い知らされ，先を
行く外国に追いつくことを目指した対外的な事情を契機とする社会変革であっ
たとみなすことができるだろう。

## 12.　なぜ日本は戦争を行ったのか

　Benedict（1946）によると，アメリカは，日本を含む枢軸国の侵略行為が第
二次世界大戦の原因であると考えるが，日本の戦争動機は，大東亜諸国から米
欧を駆逐して，日本をリーダーとする国際的な階層組織をつくることであり，
日本が階層の中で上位に位置する「兄」になろうとしたと主張した。日本人に
とっては，社会イコール階層社会であり，日本的な階層社会に東アジアを組み
込み，そこに入る国々にも繁栄をもたらすことができ，それが外国にも当然の
ごとく受け入れられるだろうと考えていたと思われる。日本の考え方は日本か
らみた一方的なものであり，他国の考え方を無視したものである。また，それ
が軍事力という強制力をもって行われたとすれば，それは侵略に他ならない。
　また，日本は勝算が少ないアメリカに戦争を挑んだが，その理由として，ア
メリカから侮辱を受けたと感じたことが大きな原因である可能性がある。無謀
な戦争は，名誉のための戦争であり，名誉のための自殺という解釈も成り立つ
かもしれない。
　Benedict（1946）は，戦闘における日米の考え方の違いにも言及し，アメリ
カ人は戦争において軍備（物質力）が重要であると考えるが，日本人は禁制や
鍛錬などによって精神力を高めることが重要であると考えると論じている。ま
た，Benedict（1946）は，死に対する日米の考え方の違いにも言及している。
Benedict（1946）は，日本人は降伏せずに死ぬまで戦うことが名誉であり，捕
虜で帰国することは恥であるとされるが，アメリカ人は降伏しても，捕虜に
なって帰国しても辱めを受けないと論じた。これについては，個人よりも階
層を優先し，そこで求められる役割を重視する日本人の考え方と，個人を重視
し，個人をすべてのベースに置くアメリカ人の考え方の違いが反映したものと
考えられる。
　なお，日本が戦争の決定を行うに当たり，当時の日本は，天皇を頂点とす
る階層構造をもっていたが，Benedict（1946）によれば，軍首脳部（陸海軍大
臣）は，政治的に独立しており，天皇に直接，拝謁・上奏する権限を持ち，
天皇の名の下で，彼らの方策を実行できたと論じた。日本では，階層制度で上

位に位置する者の決定は，その地位においてふさわしい決定を行っているはず
であり，そのように決定されているという前提に立っているので，上位者が主
導して方向性を決めるとそれを下の者が軌道修正することは困難であろう。
Benedict（1946）は，日本的な階層制度の輸出は，他国に受け入れられず，日
本の軍部はそれを理解できず，敗戦という形で日本人に天罰が下ったと論じ
た。

　この戦争の教訓の1つは，日本人に限らず，人間は，ある社会に育つと，そ
の社会で成立している社会規範をすべての人が共有していると思い込み，それ
は国内だけでなく，国外でも当てはまると思い込む傾向があるようだが，それ
は間違った考え方であり，国や社会ごとに社会規範は異なるのが通常であり，
それを理解し，それを前提として，他国や他の社会の人と付き合っていくこと
が重要であるということである。

　Benedict（1946）が指摘しているように，アメリカによる戦後の日本の占領
政策は，日本人の社会規範を理解したうえで行われた。すなわち，占領政策
は，日本人への侮辱を避け，天皇を中心とする階層構造を維持するものであっ
た。そして，主義主張にこだわらない日本人は欧米型の価値観に基づく占領政
策を抵抗せずに受け入れたのである。

## 13．日本人の善悪観と戦犯供養

　日本人と欧米人との善悪観の違いについて，Benedict（1946）は興味深い主
張を展開している。Benedict（1946）は，欧米人は不正を嫌い，立派な主人公
は，善に加担し，悪と戦い，善人は報いられるべきと考えるのに対して，日本
人は世界が善と悪の戦場ではないと考え，悪の問題を正面から取り上げず，回
避してきたこと，そして，日本人にとって，人には2通りの魂，すなわち，柔
和な魂（和魂：にぎたま）と荒々しい魂（荒魂：あらたま）があるが，すべて
の人間で，それぞれが必要な場面があり，2つの魂とも善であることを指摘し
ている。

　また，Benedict（1946）は，本居宣長の考え方に言及して，日本では，人間
の性質は生まれつき善であり，必要なことは，心の窓を清らかにして，場合に

応じて，自分にふさわしい行為を知ることだけであると主張した。

　日本人は，戦いの場面において，結果よりも過程を重視する。過程において，誠実に一生懸命戦ったかが重視される。敗者にも配慮し，敵の祟りを恐れ，供養する。日本人は善悪の意識が弱く，絶対的なものを認めない。というのも，Benedict（1946）が指摘しているように，日本人は，他人がどう考えるかが行動の基準になっているからであり，この基準は，人や時代が変われば，変化する可能性がある。日本人の行動基準は相対的なものであり，善悪というような絶対的なものではない。欧米人にとっては，主義や道徳が重要であり，善悪を明確に分けるが，日本人にとっては，社会における自らの位置に応じて，社会から非難されないような役割を果たすことが重要であり，善悪の基準はさほど重要でないといえるだろう。

　Benedict（1946）は，日本人はどんな人も死ぬと，仏になると考えると論じたが，これにも善悪の基準を重視せず，善悪の判断を回避する日本人に特有の考え方が反映されていると考えられる。外国では戦犯の供養には拒否反応が強いが，日本ではそれに寛容な傾向がある。その是非は別にして，それには日本人に特有の考え方が反映されているものと思われる。

## 14．日本の国際社会での行動原理と外交

　日本人に限らず，人間は，自分が所属する社会で成立している社会規範には普遍性があり，他国も自国と同じ社会規範を共有している考える傾向があると思われる。Benedict（1946）によれば，日本人の恒久不変の目標は名誉であり，他人から尊敬を受けることであると論じたが，日本人は，他者からどうみられているかが重要であり，基準は他者にあるため，善悪にこだわらず，主義やイデオロギーのような絶対的な基準であっても，それをすぐに変えることができる。

　日本人の社会規範から，日本は自国のことのみを優先するよりも，他国のことにも配慮し，国際社会から尊敬を受けたいと考えている。ただし，他国は日本の異なる社会規範をもっており，日本とは違う考え方をしている。外交の場面では，諸外国は自国の社会規範を他国にも適用して，各国が他国のことを

顧みずに，自国の利益を優先するというようなあたかも「性悪説」に基づいて
行動するという前提で交渉にあたる。他方で，日本も自国の社会規範を他国に
も適用して，各国が互いに他国のことも配慮するというようなあたかも「性善
説」に基づいて行動するという前提で交渉にあたる。このような前提で，日本
と他国が交渉を行った場合に，外交交渉の結果は，日本が相手に譲るが，相手
は日本に譲らず，日本にとって不利な条件で決着する可能性が高い。外交にお
いて，外国はしたたかで，日本は苦手という話をよく耳にするが，これには，
日本の社会規範が影響している可能性がある。

　日本の社会規範には，他者や他国を配慮するという優れた面もあるが，他者
や他国がそれにつけこみ，つけこまれた日本人や日本国がそれに対して対抗す
ることを控えるとすると，そのような行為は，外交の場面では，日本は尊敬さ
れるどころか，世間知らずの素人外交とみなされるであろう。自分や自国とは
違う社会規範をもっている他者や他国と付き合っていくには，他者や他国の社
会規範を理解し，それを前提に行動することが重要である。

　日本の社会規範は「中空構造」という考え方をとっているので，権力が集中
している国とは，基本的な考え方が合わないと思われる。欧米型の主義や原
理，個人の権利に価値を置く考え方は，日本の社会規範と合致するものではな
いが，戦後，個人重視の考え方が浸透しつつあること，民主主義や自由などを
重視していれば，これらの考え方に基づく欧米諸国から仲間として認められ，
友好な関係が築けることなどの理由により，日本はこれらの陣営に属する立ち
位置をとっていると考えられる。

　なお，約束やルールの順守については，原理を重視したり，契約が発達して
いる欧米諸国は，約束やルールの順守に敏感であり，これを破ることは承認で
きないと考えるであろう。アジアにおけるいくつかの国では，約束やルールの
順守の意識が弱く，知的財産の模倣にも寛容である傾向がみられる。社会から
の非難をさほど受けないのであれば，そうすることが得になるからである。日
本は欧米諸国と異なり，原理を重視したり，契約が発達したりしていないが，
日本では，誠実さが評価され，人をだましたり，人の弱みにつけこむような行
為は，卑怯な行為として社会の非難を浴びて，名誉を失って，社会から排除さ
れることになりかねない。それゆえ，日本では，約束やルールを破ることが一

時的に得になったとしても，名誉を失い，社会から排除されるリスクがあるので，日本人はそのようなリスクを恐れて，約束やルールを順守していると考えられる。

# Ⅲ-Ⅳ. 日本人の経済行動と日本経済

## 1. 日本人の経済行動

　日本における経済主体の考え方は，欧米，特にアメリカと異なっていると考えられる。日本では，個人や企業は社会の中に組み込まれて存在しており，社会に受け入れられることが重要であり，社会あっての個人や企業という意識が強いと考えられる。したがって，日本の個人や企業は，他の個人や他の企業，そして，日本特有の社会規範の影響を強く受けていると思われる。

　他方で，欧米，特にアメリカでは，自由に大きな価値が置かれていることからわかるように，個人の存在や個人の権利が重視されている。それゆえ，個人あっての社会という意識が強いであろう。

　このような日本と欧米，特にアメリカとの考え方の違いは，さまざまな経済主体としての行動にも違いを及ぼすと考えられる。

　第1に，消費者としての行動から考察してみよう。日本人は同質的であり，教育も平均的な学力の修得を目指している。それゆえ，日本人の能力差は小さく，所得格差も，消費格差も，欧米，特にアメリカと比べて小さいであろう。日本では，たとえ所得が多いとしても，それをひけらかしたり，それによって贅沢な消費を行うことははばかられる。日本人には，贅沢は人間を駄目にし，仕事を通じた修行などによる精神修養が重視される社会規範が存在しているからである。また，贅沢な生活は，他人の妬みを買い，社会やマスコミの攻撃対象になる可能性もある。そして，Benedict（1946）が指摘しているように，日本人の行動基準は，周りの人や世間が基準になっており，自分と同レベルの所得や教育水準などにある他の人の行動や世間の風潮によって影響を受ける可能性もあるだろう。したがって，日本人は，標準的な経済学が設定する「自立

し，主体的な消費者による消費における自己の効用の最大化」の仮定を概ね理
解できるものの，何かしっくりこないものを感じだろう。日本では，日本特有
の社会規範や社会的圧力による制約が働くからである。

　他方で，Benedict（1946）によると，アメリカ人は，所得の上昇は自尊と結
びつくものであり，所得の差，それによる生活水準の差は容認される。アメリ
カンドリームという言葉があるように，自分の能力を開花させ，経済的な成功
を収めて，豊かな暮らしを実現することは，アメリカ社会において成功者とし
て称えられる。アメリカ人にとって，「自立し，主体的な消費者による消費に
おける自己の効用の最大化」の仮定は，現実と対応しており，しっくりくるで
あろう。

　また，日本人は，安全や安心に価値を置いているので，欧米と比べて，将来
のリスクに備えた貯蓄は多くなるだろう。さらに，このような貯蓄をどのよう
に運用するかについても，日本と欧米で，特に日本とアメリカで大きな違いが
みられる。貯蓄，すなわち金融資産の運用先として，高リスク・高リターンの
運用先と低リスク・低リターンの運用先がある場合に，アメリカでは，前者が
よく選択されるのに対して，日本では，後者がよく選択される[23]。

　このような行動には，日本人の安全志向が影響していると思われる。長期的
には，高リスク・高リターンの運用のほうが平均収益率が高いとしても，日本
人は，安全や安心に大きな価値を置いているので，元本割れのリスクを嫌が
り，元本割れが生じない低リスク・低リターンの運用を選択していると考えら
れる。このような行動の結果として，日本では，欧米と比べて，リスクがある
が，社会に大きな変化をもたらす可能性のある企業への資金供給が少なくなる
可能性が生じ，社会のイノベーションを遅らせる可能性が生じる。ただし，こ
れは日本人が自ら選んだ結果である。日本人は，損する可能性があり，生活に
大きな変化をもたらすようなイノベーションに賭けるよりも，現状維持でも安
定した生活の維持を選好していると解釈できる。

　第2に，経営者としての行動である。日本の経営者は，利潤の最大化よりも
従業員の生活も考慮して企業の存続を優先させる。それゆえ，日本の企業の寿
命は長くなる。日本の企業は，質の高い製品やサービスを提供して，社会に貢
献しようとする。経営者による露骨な利潤の最大化の公言ははばかられる。他

国と比べて，日本の企業は同調圧力に弱く，準拠する企業の行動に合わせよう
とする。このような行動は，他の企業と違う行動をとるというリスクを冒すよ
りも，他の企業に合わせておいたほうが安全であるという日本人の考え方が反
映したものと解釈できる。日本の企業は，短期的な利潤より市場シェアを重視
するが，これは，企業の存続を重視していることや安定や安心に価値を置く日
本人の価値観を反映していると考えられる。したがって，日本人は，標準的な
経済学が設定する企業による「利潤の最大化」の仮定を概ね理解できるもの
の，何かしっくりこないものを感じるであろう。

　現代社会における最も主要な形態は，株式会社であるが，企業が株式会社の
形態をとるとき，利潤の最大化は株主利益の最大化となる。アメリカでは，株
式会社における株主利益の最大化は概ね当てはまると考えられるが，日本の場
合は，先に言及したように従業員への配慮というような要素が入り込むことに
なる。

　第3に，労働者としての行動である。日本人にとって，労働は所得を得る以
上の意味をもつ。労働は修行であり，精神的充足をもたらす。日本では，通常
の場合に，労働者は企業によって長期にわたり雇用され，年功賃金を受け取る
ことによって，日本人が大きな価値を置く安定と安心を得ることができる。そ
のため，日本の労働者は，外国と比べて，企業を優先し，献身的に働くため，
労働時間が長くなっている。

　長期雇用の場合には，固定的な人間関係も長期に及ぶため，1人の人間の人
間関係の主要な部分は，所属企業の仕事を通じて形成されたものである。日本
の労働者は，所属企業から経済的な安心を得ているのに加え，所属企業から人
間関係に起因する精神的な安心も得ているといえるだろう。アメリカのような
短期雇用が一般的な国では，労働者が所属企業から得るのは経済的なもののみ
であり，人間関係に起因する精神的なものはさほど重視されないであろう。

　第4に，政府の行動である。日本人は，権力の集中を警戒し，マスコミも政
府の権力の横暴を監視する。第Ⅱ部の実証分析が示すように，多くの日本人の
政治的立場は，左右に偏ることなく，中間に集中しているため，穏健で，全国
民を包括するような総花的な政策が選ばれると考えられる。そして，第Ⅱ部の
実証分析が示すように，日本人は，急激な改革よりも漸進的な改革を望んでお

り，安定や安心に価値を置いているので，政府が大きな変革を行うことは難し
いであろう。

　中根（1967）は，日本社会の特徴を「単一性」と表現したが，日本人は，同
質的であり，能力差が小さく，同じ社会規範を共有しているので，誰が政治家
や指導者になってもほぼ同じであり，そこそこのことはできると考えられる。

　それゆえ，日本における民主主義（選挙）の役割は，政策による大きな変化
をもたらすためではなく，誰が担当してもさほど変わらないような政策を行う
ために，誰が政権を担うかを決めるためのものであるといえるだろう。

## 2．日本の経済発展と今後の日本経済

　日本人は，日本の社会規範に基づいて，労働にいそしみ，取引における信用
を大切にして，質のよい商品やサービス提供しようとする。それゆえ，質のよ
い商品やサービスが大量に生産され，取引が活発になるので，日本の社会規範
は経済発展にプラスに作用すると考えられる。他方で，日本人はリスク回避的
で，安心，安全，安定に価値を置いているので，社会の大きな変化をもたらす
ようなイノベーションは生じにくいと考えられる。

　しかし，第二次世界大戦後には，世界から奇跡といわれるような急激な経済
成長，すなわち，高度経済成長を成し遂げ，先進国の仲間入りをした。リスク
回避的で，安心，安全，安定に価値を置いている日本がなぜ急激な経済成長を
成し遂げることができたのであろうか。それは，急激な経済成長に有利な条件
が整っていたからだと考えられる。当時においても，日本人はリスク回避志向
によって高貯蓄であった。ただし，当時はこの高貯蓄が銀行を経由して，企業
に貸し出され，企業はそのお金を使って積極的に設備投資を行った。それが可
能であった理由は，高度成長期において，経済復興と先進国に追いつくという
明確な目標がみえていたため，企業もリスクを感じることなく，積極的に投資
ができ，銀行も安心して企業に貸し付けができた。そして，銀行や企業のそれ
ぞれの横並び意識も融資や投資を助長した。

　高度経済成長期には，先進国の生活スタイルが日本人にとって目指すべき目
標となっており，家計においては，テレビや冷蔵庫などの家電製品や自家用車

のような耐久消費財の購入，住宅の購入などのように旺盛な需要が存在した。日本人が価値を置く安心で安定した生活を手に入れるために，日本人は一生懸命に働き，必要なものをリスクを感じずに購入していったと考えられる。そして，企業も家計による旺盛な需要を対応して，生産能力を増大させるための設備投資をリスクを感じずに行ったと考えられる。このような状況では，銀行も企業に貸したお金が返ってこないリスクは少ないので，安心して融資を拡大していったと考えられる。

　ただし，このような状況はいつまでも続かない。日本人の多くが安心でき安定した生活を達成できたと感じる水準に達すると，家計の旺盛な需要が鈍化していくからである。需要の低下は経済成長の鈍化をもたらす。現在の日本は，高度経済成長を経て，需要が鈍化した低成長の成熟期にあると考えられる。日本人の多くは，テレビ，冷蔵庫，掃除機などの家電製品，スマートフォンやパーソナルコンピューター，そして，自家用車や自宅などを所有し，インターネットもほぼ自由に利用可能な状況にあると考えられる。インターネットは低料金であり，それを使って必要な情報サービスの多くが手に入る。それゆえ，日本人は，そこそこ充実した生活が送ることが可能になっており，物質的には，安定的で，安全で，安心できる生活をほぼ手に入れた段階にきていると思われる。

　日本人は市場を通じて手に入れたいものはほぼ手に入れたと考えられるが，他方で，欧米型の個人重視の価値観の浸透もあり，自らが所属する家族や企業，それぞれにおける家庭内の支援機能や企業内の支援機能が弱体化している。これまで家族や企業が果たしてきた支援機能の一部を代替もしくは補完する役割を果たしているのが政府であり，政府は年金，介護，保育，医療などの社会保障政策を通じて，日本人が価値を置く安全，安心，安定の一部を提供している。

　現在の日本は，成熟社会の下での長寿化および個人重視の価値観の浸透などを背景とした少子化によって高齢化が進んでいる。高齢化は社会保障費の増加をもたらし，若年者に対する負担増をもたらすが，一方で，低成長経済の下では，税収が鈍化して，増税が行われないと，財政赤字の拡大が生じる。日本では，毎年の財政赤字が継続して，GDP に占める国債の残高の比率は先進国の

中でも最も高くなっている。このような毎年の財政赤字が可能になっている背景として，国民の巨額な金融資産の存在がある。日本人はその多くを安全資産である銀行預金として運用しており，貸付先を見つけることに窮する銀行は，低リターンであるが，リスクの少ない国債を大量に購入（政府に貸し付け）している。

　現在の日本は，すでに先進国の仲間入りをしており，日本が今後どのような国を目指すかは，自ら決めなければいけない状況にある。日本がさらに発展するためには，自ら将来のビジョンを創造し，リスクをとって，結果が不確実な社会に乗り出していく必要がある。しかし，日本人は，将来に思いをはせるような実感のない抽象的な思考は苦手であり，よくない結果をもたらす可能性があるようなリスクをとることも望まない。

　そうなると，日本に残された今後の方向性は次の2つであろう。1つは，成熟した生活に満足して，他の国のことは気にしないで，リスクはあまりとらずに，安定した生活を謳歌し，国力は相対的に落ちても「安心・安全・安定」を追求していくことである。その場合には，増加していく社会保障費を対応して，給付のメリットと負担のデメリットの両方の兼ね合いを考えて，適切な社会保障の規模を考えていく必要が生じるであろう。世界史をみると，過去に世界を席巻した国でも，繁栄が永遠に続いたことはなく，別の国が新たに台頭してくることは歴史の必然であろう。

　もう1つは，リスクをとりながらも，経済成長を重視し，世界経済における現在の地位を維持する努力を行うことである。経済成長を維持していくためには，日本人のリスク回避的な国民性を考えると，政府が公共政策として，国民性の弱点を補うことが必要であろう。政策の具体例として，国民全体の傾向はリスク回避的であるものの，一部の人にはリスクをとろうとする人もいるので，政府がリスクを負う投資を行う人や企業を支援すること，政府自体がリスクを負う投資を行うこと，そして政府がリスクのある投資の意味や意義を教える金融教育を中等教育の段階から積極的に導入し，日本人のリスク回避性を低めることなどが考えられるだろう。

# Ⅲ－Ｖ．日本人と日本社会

　これまで，日本人と日本社会に特徴的であると思われる考え方やそれ基づく行動について考察してきた。本編の最後では，日本人と日本社会についての要点を示しておこう。はじめに，日本の特徴をより明確にするための比較対象として，欧米人と欧米社会について言及し，次に，本題である日本人と日本社会について言及する。

## １．欧米人と欧米社会についての要点

　ここでは，日本人と日本社会を考える上での比較対象として，欧米人の考え方や行動および欧米社会の特徴的な現象についての要点を示しておこう。

　欧米では，自立した個人となることが要求される。家庭や学校では自立した個人となるように教育される。自立した個人として生きていくためには，自己主張ができ，生活の糧を得るための能力を身につけることが重要になる。

　欧米の社会を理解するうえでは，愛と保護を受けられる家族とそれ以外の領域を区別することが有用である。家族以外の領域の人は，すべて他人である。欧米社会，とりわけアメリカ社会は，能力の違うもの同士が競い合い，能力の差に応じた成果を当人が受け取る競争社会である。成果を勝ち得た人，能力の高い人が評価される。成果に対して能力に応じた貢献ができ，能力に応じた評価がなされるので，能力を伸ばそうという誘因も働き，効率的に能力が発揮される社会といえる。ただし，効率性重視の結果，人における能力に無視できない差があるとすると，それは成果における格差として現れる。そのため，安定し，安心できる生活を送れない人が発生する。

　欧米社会，とりわけアメリカ社会では，雇用において，いろいろな人に門戸

を開き，チャンスを与え，雇ってみて，能力があれば，条件を上げて雇い続けようとする。能力がない場合は解雇される。雇われる側も，よりよい条件を提示されれば，他の職場に移ろうとする。長期雇用は，雇う側や雇われる側にとっても必ずしも有利とは限らない。能力を測るために，1年などのように期間を限定した雇用契約が一般的である。契約更新が続いた場合に長期雇用となる。いろいろな人に門戸を開き，チャンスを与えるという点で，最初の段階では，他人を信用し，受け入れる。

　日本では，日本に特有の社会規範を多くの人が共有しているため，人々の考え方や行動の統一性が高く，平均的な能力を重視する教育の結果，能力の分布も小さいので，同じ人と長期の関係を築いていくことのできる土壌があるが，欧米社会，とりわけアメリカ社会は，移民からなる多民族社会であり，社会規範の内容が異なり，統一性は弱いと考えられる。相手が自分と違う考え方をもっている可能性がある場合に，最悪の場合は，隙をみせると相手につけ込まれて，損失を被ることになる。その場合には，相手があたかも「性悪説」に立っているかのように対応するのが合理的である。最悪の場合を回避する方法の1つが，契約を交わし，起こりうる最悪のケースの発生を抑制しておくことである。それでも契約が破られる場合には，訴訟に持ち込み，裁判によって決着が図られることになる。欧米社会，とりわけアメリカ社会をまとめていくには，法律のような強制力をもったルールによって社会秩序を構築し，社会をまとめていく必要がある。

　欧米社会において法律のようなルールが受け入れられている理由としては，日本のように他人に対する具体的な行動指針となるような社会規範は存在しないものの，キリスト教の影響などもあり，自由や平等などのような抽象度の高い価値観が多くの人々に共有されているために，それを基礎とする法律も受け入れられやすい土壌があったからだと考えられる。

## 2．日本人と日本社会についての要点

　ここでは，日本人の考え方や行動および日本社会の特徴的な現象についての要点を示しておこう。

　日本人にとって，人間関係はきわめて重要である。欧米人とは異なり，自由や平等などの主義や理念は，日本人の行動基準となりえず，日本人の行動基準は，他の人や世間がどう思うかに規定される。日本人のこのような行動基準の根底には，価値基準として，日本人が安全や安心に特段の価値を置いていることが影響している。自然環境の脅威にさらされ続けてきた日本人は，平穏無事な生活の大切さを思い知らされてきており，安全や安心に特段の大きな価値を置く考え方が形成されてきたと考えられる。

　日本人は安全や安心を確保するために，工夫を凝らした社会を構築してきたが，それを理解するためには，生活圏とそれ以外を分けて考えることが重要である。まず，生活圏から考えると，ここは主として自分が所属する家族と企業からなる。現在の日本における雇用形態として，依然として，働き盛りの男性を中心に長期雇用が主流であり，国際的にみても，これが日本の特徴の１つになっている。自分が所属している家族と企業は，そこが主たる生活の場であるのみならず，その内部では，長期的な付き合いの下で，情緒的な交流を含めた濃密な人間関係が構築されている。生活圏，とりわけ所属する企業内では，長期的に続く周りの人との良好な人間関係を維持していくために，日本人は多大なエネルギーを注いでいる。このようなエネルギーを注ぐ対価として，経済的な面に関しても，精神的な面に関しても，日本人が大きな価値を置く安心や安全を得ることができる。

　次に，生活圏以外について考えてみると，ここは知り合いではない人と接する世界である。人間も生物であり，使用できるエネルギーは有限であり，日本人は生活圏での人間関係の維持に多大なエネルギーを投入しているので，生活圏以外の不特定多数の人との人間関係の構築のためのエネルギーは多く残されていないだろう[24]。安全や安心に価値を置く日本人が，生活圏の外の人との接し方で選んだ戦略は，相互不干渉であり，自分が相手に危害を加えるようなことをせず，相手を尊重するので，そちらもこちらに対してそのように接してくださいというものである。この戦略がうまく機能すれば，エネルギーの消費を減らすことができる。

　ただし，この場合に，相手が自分の同じように行動してくれるかは不確定であり，相手が裏切る可能性がある。それを防いでいるのは，日本に特有の社会

規範である。具体的には，「場の空気を読む」，「他人に迷惑をかけない」，「他人に配慮する」などである。日本人は，このような社会規範を身につけるように育てられ，このような社会規範を身につけていないと，親や周りの人から非難され，仲間からは排除される可能性が生じる。それゆえ，日本人の多くは，このような社会規範に従っていると考えられる。そして，日本人がこのような社会規範に従っていると，日本人は「性善説」に立って行動しているようにみえる。日本人の多くがこのような社会規範に従うことで，互いに生活圏の外の人から予期せぬような攻撃や損害を受けたりするリスクを減らせるというメリットを得られる。それゆえ，生活圏の外の場においても，日本人が大きな価値を置く安全や安心が確保されることになる。

　日本人の社会規範は，このような大きなメリットがあるから，人々に根づいているものの，他方で，場の空気を読み，他人への配慮を求められることになるため，それによって，不自由さや閉塞感を感じることになる。

　なお，日本人にとっての安全や安心の主たる源泉となる自分が所属する家族や企業については，戦後に欧米型の個人を重視する価値観の浸透を受け，徐々に変化していることも事実である。具体的には，非正規雇用の増加や家族規模の縮小によって，家族や企業が担ってきた安全や安心の機能が弱まりつつあるといえる。これらに対しては，国は社会保障の充実などによって補っているが，これは，他人を配慮し，家族や企業の存続とそれへの貢献を重視する日本型の社会規範が薄れ，個人の自由と権利を重視する欧米型の価値観が重視されつつあることの代償であると解釈することもできる。

　筆者としては，日本は欧米型の価値観へ移行しつつありながらも，他人に配慮するなどの日本に特有の社会規範は，他国と比べても際立っており，現状において，日本特有の社会規範は，依然として，多くの日本人に共有されていると考えている。

　今後，日本特有の社会規範は変化する可能性があるが，その場合，社会規範は，家族，企業，教育制度のような社会の諸制度と相互に補完的な関係にあるため，社会の諸制度に及ぼす影響，とりわけ副作用について適切に理解しておく必要があるだろう。

注

1　長谷川・長谷川（2000）によると，個体は死ぬが，繁殖が続くと遺伝子は残るので，進化において問題となるのは，個体ではなく，遺伝子であると論じている。日本の家父長制が重視する家の維持・存続は，養子の習慣があるものの，自分の遺伝子の存続と概ね整合的な行為とみなせるであろう。

2　人が家族や企業などの集団に属するのは，そこに属することによって，安全や生活が保障され，生存や繁殖に有利になるからだと考えられる。集団に属して，自分の生存や繁殖を確保することは，自分の遺伝子を残すことにつながるので，進化生物学の観点から，適応的な行動とみなせるだろう。

3　文部科学省の「学校基本調査」によると，2020年の大学への現役進学率は，男子が52.3%，女子が50.0%であり，男子のほうがやや上回っているが，短期大学への現役進学率は，男子が0.9%，女子が7.7%であり，女子のほうが上回っている。大学と短期大学を合計した現役進学率は，男子が53.2%，女子が57.7%であり，女子のほうが進学率はやや高くなっている。

4　厚生労働省の「国民生活基礎調査」によると，日本の世帯構造は，2018年において，核家族世帯（親と未婚子のみの世帯と夫婦のみの世帯）が60.4%，単独世帯が27.5%，三世代世帯が5.3%である。1970年において，核家族世帯が57%，単独世帯が18.5%，三世代世帯が19.2%である。1970年から2018年にかけて，三世代世帯の比率が減少する一方で，単独世帯と核家族世帯の比率が上昇している。

5　国立社会保障・人口問題研究所の「令和元年度　社会保障費用統計」によると，日本の社会保障費用は，1970年において3.5兆円でGDPに占める比率は4.7%，2000年において78.4兆円でGDPに占める比率は14.6%，2021年において厚生労働省推計の予算ベースで129.6兆円でGDPに占める比率は23.2%である。社会保障費用を構成する主な項目の年金，医療，介護の各費用は，高齢化の進行にともなって増加するので，日本の社会保障費用は増加の一途をたどっており，GDPに占める比率も上昇を続けている。

　　2018年に公表された内閣官房・内閣府・財務省・厚生労働省による「2040年を見据えた社会保障の将来見通し」（平成30年5月21日）によると，2040年における社会保障費用は，188兆円から190兆円程度まで増加し，GDPに占める比率も23.8%から24%程度まで上昇すると予測されている。

　　社会保障費用は，財源として税と社会保険料に対応したものであるが，税に対応したものとして，政府の一般会計の歳出の項目として社会保障関係費がある。社会保障関係費も増加を続け，厚生労働省のホームページ（参照日は2022年5月5日）の「令和3年度予算 国の一般歳出における社会保障関係費」と「一般歳出と社会保障関係費の推移」によると，社会保障関係費は，2000年には16.7兆円，一般歳出に占める比率は約35%であり，2021年には35.8兆円であり，一般歳出に占める比率は約54%である。社会保障関係費も増加を続けており，政府における財政赤字の原因の1つになっている。

6　労働政策研究・研修機構の「データブック国際労働比較2018」によると，2018年の男性就業者における長時間労働（週当たり49時間以上）者の割合は，日本が27.3%，アメリカが23.6%，イギリスが16.7%，ドイツが12.0%，フランスが14.0%である。したがって，欧米先進国と比べて，日本における男子の正規雇用者の労働時間は長いといえるだろう。

7　日本でジェンダー平等を実現するためには，そのための環境整備として，労働時間を短縮して，男性が家事や育児にあてることのできる時間を確保しておくことが必要である。ただし，多くの日本人は，安心，安全，安定に価値を置いており，日本の労働システムは欧米と比べて安心，安全，安定に配慮がなされているものの，家庭のほうが安心，安全，安定を提供できると考えられる。したがって，就業しやすい環境が整備されたとしても，家庭にとどまることを選択する女性も少なからずいる可能性がある。また，河合（1999）は，日本社会は母性原理に基づくと論じたが，子ども

ができたときに，子どもを優先する気持ちが女性において強いとすれば，専業主婦やパート雇用を選択する女性も少なからずいるかもしれない。

8 　太田（2010）は，バブル崩壊後の長期不況下における若年者の就業について分析を行った。太田（2010）は，この時期において，新卒者の正規雇用の抑制と非正規雇用の増加がみられ，この時期に就業した若年者は，その後も賃金水準は低く，不本意就業によって離職率が高くなるなど，長期にわたる世代効果が存在することを確認した。

　　なお，中根（1967）が指摘しているように，日本の企業では，勤務年数の長い人ほど，重用されるので，長期不況下においては，既存の正規雇用者が優先され，そのしわ寄せが新規の雇用者に行くことは，避けられなかったと考えられる。

9 　内閣府の『令和元年版　子供・若者白書（概要版）』によれば，2018 年の調査から 40 歳から 64 歳までの人口の 1.45％に当たる 61.3 万人がひきこもり状態にあると推計され，2015 年の調査から 15 歳から 39 歳までの人口の 1.57％に当たる 54.1 万人がひきこもり状態にあると推計されている。したがって，日本における引きこもりの人数は，115.4 万人程度であると推測される。引きこもりは，日本の特徴的な現象であり，「hikikomori」が英語になっている。

10 　警察庁の『令和 3 年度版　警察白書』によれば，殺人の認知件数は長期的に増加傾向にあり，2020 年におけるその件数は 929 件である。その内訳をみると，「親族」が 47.1％，「知人・友人」が 13.8％，「面識なし」が 12.1％，「交際相手」が 10.4％である。日本では，親族間での殺人が多くなっている。

11 　東京都監察医務院の「東京都監察医務院で取り扱った自宅住居で亡くなった単身世帯の者の統計」によると，東京都の 23 区における孤独死の人数は年々増加している。2019 年において，その人数は 8433 人であり，2009 年の人数は 6802 人であったので，10 年間の増加率は約 24％である。

12 　厚生労働省の『令和 3 年版　自殺対策白書』によれば，自殺率（10 万人当たりの自殺者数）は，2018 年の日本が 16.1，2017 年のアメリカが 14.7，2016 年のイギリスが 7.3，2018 年のドイツが 11.6，2016 年のフランスが 13.1 である。日本の自殺率は，欧米先進国と比べて，高いといえる。

13 　労務行政研究所の「役員の報酬等に関する実態調査」によると，2020 年における上場企業 3667 社と上場企業に匹敵する非上場企業 71 社を対象にした調査から，社長の年間報酬は 4554 万円であり，25 歳の従業員の年収の約 12 倍であるという結果が得られている。他方で，2021 年 10 月 5 日の日本経済新聞（電子版）によると，アメリカにおける企業の経営トップが従業員の給与の中央値より何倍多い報酬を受け取っているかを示す「ペイ・レシオ」は，アメリカの経済政策研究所（EPI）の推計で，2020 年において 351 倍である。したがって，アメリカと比べ，日本では経営者と従業員との報酬の格差は小さいと考えられる。

14 　労働政策研究・研修機構の「データブック国際労働比較 2019」における 2014 年の年齢階級別賃金格差の分析によると，29 歳以下の賃金を基準とするとき，日本において，29 歳以下との賃金の格差は，30 歳から 39 歳の階級で 1.3 倍，40 歳から 49 歳の階級で 1.5 倍，50 歳から 59 歳の階級で 1.6 倍へと拡大している。他方で，イギリス，ドイツ，スウェーデンでは，40 歳から 49 歳の階級で賃金が最も高くなっている。日本では，定年に向けて，賃金が上昇していく傾向がみられるので，依然として年功序列制度が存在しているといえるだろう。

15 　パーソル総合研究所の「APAC の就業実態・成長意識調査（2019 年）」によると，2019 年にアジア太平洋地域（APAC）14 か国・地域における非管理職の就業者を対象にした調査で，日本において管理職になりたい人の割合は調査対象の国・地域で最も低い 21.4％であり，日本人の出世意欲は最も低いという結果が得られた。

16 　大学受験などは，個人間の競争であるが，競争相手は特定の個人というより，不特定多数の人である。大学受験などは，競争相手を意識することなく，よい点数を目指した自分との戦いと認識されており，個人間の対立や軋轢は生まないであろう。

17 　内閣府の『令和 3 年版　高齢社会白書』によると，2020 年における 60 歳以上の人を対象にした

国際調査では，「家族以外の人で相談し合ったり，世話をし合ったりする親しい友人がいるか」を尋ねた質問の回答で，「いずれもいない」と回答した割合は，日本が31.3%，アメリカが14.2%，ドイツ13.5%，スウェーデン9.9%であり，日本の数値が調査対象の4か国で最も高かった。先進国との比較において，日本では，高齢者の「社会的孤立」の比率が高いといえるだろう。

18　財務省のホームページの「財政に関する資料」（参照日は2022年1月25日）を参照した。

19　財務省のホームページの「日本の財政を考える」（参照日は2022年1月25日）によれば，2021年における一般政府のGDPに占める債務残高の比率は，日本が256.5%，アメリカが132.8%，イギリスが107.1%，ドイツが70.3%，フランスが115.2%と推計されている。これらの先進国の中で，日本のみが一般政府の債務残高がGDP比で2倍を超えている。

20　第Ⅱ部の実証分析で，将来の日本において，経済成長を重視する社会と財政規律を重視する社会かのどちらが望ましいかを問う質問で，「どちらともいえない」の回答が39%，前者の社会を支持が13.9%，後者の社会を支持が47%であった。財政規律を重視する人が多いものの，判断保留も含め，財政規律を重視に賛成の意思表示をしていない人の比率が52.9%であるので，この調査の段階において，日本社会の雰囲気としては，財政赤字の問題が深刻であるとまでは，認識されていない状況にあるだろう。

21　厚生労働省の「令和元（2019）年医療施設（動態）調査・病院報告の概況」によると，2019年において，すべての病院（8,300施設）に占める医療法人の割合が68.9%，個人のそれが2.1%であり，すべての一般診療所（102,616施設）に占める医療法人の割合が42.5%，個人が40.0%である。すべての歯科診療所（68,500施設）に占める医療法人の割合が21.6%，個人のそれが77.6%である。したがって，日本では，医療機関の多くが民間の医療機関である。

22　日本と諸外国との医療制度の違いについては，日本医師会のホームページの「世界に誇れる日本の医療制度」における「諸外国との比較」（参照日は2022年1月30日）を参照した。

23　日本銀行調査統計局の「資金循環の日米欧比較（2021年8月20日）」では，2021年3月時点における日米欧の家計の金融資産構成のデータが示されている。それによると，日本における家計の金融資産は1946兆円であり，その構成は現金・預金が54.3%，債務証券が1.4%，投資信託が4.3%，株式等が10.0%，保険・年金・定型保証が27.4%，その他が2.7%である。アメリカにおける家計金融資産は109.6兆ドルであり，その構成は現金・預金が13.3%，債務証券が4.2%，投資信託が13.2%，株式等が37.8%，保険・年金・定型保証が29.0%，その他が2.5%である。ユーロエリアにおける家計の金融資産は27.6兆ユーロであり，その構成は現金・預金が34.3%，債務証券が1.8%，投資信託が9.6%，株式等が18.2%，保険・年金・定型保証が33.8%，その他が2.3%である。

　日本では，欧米と比べて，元本割れのリスクはないが，低収益の「現金・預金」による運用が多いのに対して，元本割れのリスクがあるが，高収益の可能性もある「株式や投資信託」による運用は少ない。

24　人間の使えるエネルギーは有限であり，自分の行動を自ら律するためには意志力が必要であり，意志力の発動は，エネルギーの消耗をともなう。詳しくは，Baumeister, Bratslavsky, Muraven and Tice (1998), Muraven, Tice and Baumeister (1998), Muraven and Baumeister (2000) を参照されたい。

# 参考文献

Abegglen, J. (1973), *Management and Worker: The Japanese Solution*, Sophia University. (占部都美監訳, 盛義昭共訳『日本の経営から何を学ぶか—新版日本の経営—』ダイヤモンド社, 1974年)

Abegglen, J. (2004), *21st Century Japanese Management: New Systems, Lasting Values*, Nihon Keizai Shimbun, Inc. (山岡洋一訳『新・日本の経営』日本経済新聞社, 2004年)

Baumeister, R., Bratslavsky, E., Muraven, M. and Tice, D. (1998), "Ego Depletion: Is the Active Self a Limited Resource?" *Journal of Personality and Social Psychology*, Vol. 74, No. 5, pp. 1252-1265.

Benedict, R. (1946), *The Chrysanthemum and the Sword: Patterns of Japanese Culture*, Houghton Mifflin. (長谷川松治訳『菊と刀　日本文化の型』講談社学術文庫, 講談社, 2005年)

Buchanan, J. and Wagner, R. (1977), *Democracy in Deficit: The Political Legacy of Load Keynes*, Academic Press. (深沢実・菊池威訳『赤字財政の政治経済学』文眞堂, 1980年)

Muraven, M., Tice, D. and Baumeister, R. (1998), "Self-Control as Limited Resource: Regulatory Depletion Patterns," *Journal of Personality and Social Psychology*, Vol. 74, No. 3, pp. 774-789.

Muraven, M. and Baumeister, R. (2000), "Self-Regulation and Depletion of Limited Resources: Does Self-Control Resemble a Muscle," *Psychological Bulletin*, Vol. 126, No. 2, pp. 247-259.

Nitobe, I. (1899), *Bushido, The Soul of Japan*, The Leeds and Bible Company. (矢内原忠雄訳『武士道』岩波書店, 1938年)

Thaler, R. (1981), "Some Empirical Evidence on Dynamic Inconsistency," *Economics Letters*, Vol. 8, No. 3, pp. 201-207.

Weber, M. (1920), Die protestantische Ethik und der 'Geist' des Kapitalismus, *Gesammelte Aufsatze zur Religions soziologie*, Bd. 1, SS. 17-206. (大塚久雄訳『プロテスタンティズムの倫理と資本主義の精神』岩波文庫, 岩波書店, 1989年)


青木昌彦・奥野正寛編著 (1996)『経済システムの比較制度分析』東京大学出版会。
池田謙一編著 (2006)『日本人の考え方　世界の人の考え方　世界価値観調査から見えるもの』勁草書房。
梅棹忠夫 (2002)『文明の生態史観ほか』中公クラシックス, 中央公論新社。
太田聰一 (2010)『若年者就業の経済学』日本経済新聞出版社。
大野晋・森本哲郎・鈴木孝夫 (2001)『日本・日本語・日本人』新潮選書, 新潮文庫。
河合隼雄 (1999)『中空構造日本の深層』中公文庫, 中央公論新社。
河合隼雄 (2013)『日本人の心を解く　夢・神話・物語の深層へ』岩波書店。
川口章 (2008)『ジェンダー経済格差』勁草書房。
鯖田豊之 (1966)『肉食の思想　ヨーロッパ精神の再発見』中公新書, 中央公論社。
寺西重郎 (2018)『日本型資本主義』中公新書, 中央公論社。
電通総研・同志社大学 (2021)『第7回「世界価値観調査」レポート　最大77か国比較から浮かび上がった日本の特徴』。

東京大学社会科学研究所編（1991）『現代日本社会　第1巻　課題と視角』東京大学出版会。

中根千枝（1967）『タテ社会の人間関係』講談社現代新書，講談社。

中根千枝（2019）『タテ社会と現代社会』講談社現代新書，講談社。

長谷川寿一・長谷川眞理子（2000）『進化と人間行動』東京大学出版会。

前野隆司（2015）『幸せの日本論』角川新書，KADOKAWA。

丸山真男（1961）『日本の思想』岩波新書，岩波書店。

山本七平（2015）『［新装版］山本七平の日本資本主義の精神』ビジネス社。

和辻哲郎（1979）『風土―人間学的考察』岩波文庫，岩波書店。

# あとがき

　日本では，人を表すのに「人間」という言葉を用いる場合があるが，これは，人と人の間，すなわち，人間関係の重要さを示しているように思える。人は生まれたときから1人で生きていくことは不可能であり，その後も自分以外の多くの人との関係をもたなければ，豊かで安定した生活を営むことは難しい。自分が存続していくためにも，子孫を残していくためにも，自分とそれ以外の人との関係をどのように築いていくかが重要になる。

　筆者は，社会において，人がどのように振る舞うべきか，とりわけ他の人とどのように接するべきかという規範，そして，この規範が社会の多くの人に共有されているところの社会規範に注目している。さらに，筆者は，社会規範は国ごとに異なっている場合があり，その国の多くの人々がその国の社会規範に従って行動しているとすれば，そのような社会規範と整合するように各制度が成立し，社会規範と各制度は相互に補完的な関係にあり，長い時間を経て，変化する可能性はあるものの，短期的にはそれぞれが安定的に存続するものと考えている。

　このような認識に立つとき，考えられる問題設定は，以下のとおりである。社会規範は国ごとに異なっている場合があるとすれば，それはどのように異なるのか，そして，それが人々の行動としてどのように現れるのか，異なる社会規範と整合的な制度の内容とはどのようなものか，それがもたらす帰結は何か，社会規範と制度のセットが国によって異なる場合があるとすれば，所与の目的を達成するための政策は異なるのか，そもそも社会規範に違いがあるとすれば，なぜ違いが生じるようにそれが形成されたのか，社会規範に変化が生じたとしたら，社会規範と整合的な制度はどのように変化していくのか，などである。

　本書において，筆者が抱いている根底にある問題意識は上記のとおりであり，上記の問題意識の下に，執筆したのが本書である。筆者の能力不足によ

り，問題によって，取り上げ方に濃淡があり，考察不足のところもあることを
お断りしておきたい。本書を読まれた読者が，上記の問題意識を共有し，この
ような問題を考える機会を提供できていれば幸いである。

　なお，本書をまとめるに当たり，「世界価値観調査」のデータに触れたが，
世界の国々は多様であり，ここで，話の焦点を経済学に絞ると，標準的な経済
学とは異なる視点からの経済学がありうるだろう。

　日本人は，価値基準として，安心，安全，安定に特段の価値を置いており，
それを達成するための戦略として，日本では，各人が他人に配慮するという社
会規範が成立している。そして，日本社会の構造においては，このような価値
基準や社会規範と整合するように制度が形成され，各制度同士も相互に補完的
な関係になっている。経済システムも制度の１つであり，日本人の価値基準や
社会規範の影響を大きく受けていると考えられる。それゆえ，標準的な経済学
をベースにしつつも，経済学に各国に特徴的な価値基準や社会規範を取り込む
ことで，現実の経済に対する経済学の説明力を増すことができるであろう。本
書は，価値基準や社会規範に注目しているため，「国民性の経済学」や「社会
規範の経済学」の系譜に属するだろう。これ以外に，宗教が人々の行動規範と
なり，人々の生活や経済活動を規定している国もあるので，「宗教の経済学」
という研究分野もありうるであろう。ただし，注意しなければならないのは，
幸福が経済的な豊かさだけでは測れないことには十分に留意する必要があるだ
ろう。

　さらに，「気候の経済学」という研究領域もありうるであろう。経済が発展
しているのは，暑い地域より温暖もしくは寒冷な地域である。経済の発展で差
が生じた理由として，暑い地域では，生活に工夫を凝らなくても，食料が容易
に手に入ったり，気温のせいで思考能力が衰えたりしたためであったりするか
もしれないし，温暖もしくは寒冷な地域では，食料を手に入れたり，寒冷な気
候に対処するために，生活に工夫を凝らさざるをえないため，自ずと思考能力
が発達し，それがその後の経済発展に結びついたのかもしれない。この研究に
おいて留意すべき点は，経済発展の差は，そこに住んでいる人々の元々の属性
ではなく，気候という環境に対して，そこに住んでいる人が反応した結果とい
うことであろう。

　「宗教の経済学」については，Robert J. Barro と Rachel M. McCleary の著書 *The Wealth of Religions: The Political Economy of Believing and Belonging*, Princeton University Press, 2019（ロバート・J・バローとレイチェル・M・マックリアリー著，田中健彦訳『宗教の経済学　信仰は経済を発展させるのか』慶応義塾大学出版会，2021 年）があり，「気候の経済学」についても，いくつか研究がなされている可能性があるだろう。ただし，いずれもまだ十分な研究の蓄積があるとはいえない状況にあると考えられる。

　標準的な経済学は，世界中の人間にほぼ当てはまる理論を確立し，行動経済学は，標準的な経済学では汲み取れないような人間の心理的な傾向を標準的な経済学に取り込もうとした。次の段階として，社会規範，宗教，気候などに注目し，それを経済学に反映させることによって，従来の経済学では説明できないような部分についての説明も可能になるであろう。それによって，経済学の内容をより豊かなものにしていくことができるようになるだろう。

　なお，本書の脱稿後，第 7 回世界価値観調査の結果を分析した『日本人の考え方　世界の人の考え方Ⅱ』（電通総研・池田謙一編，勁草書房，2022 年 8 月）が刊行された。本書は，この著書の成果を取り入れることはできなかったが，この著書も併せて読まれることをお勧めしたい。日本人の考え方についての理解がさらに深まるであろう。

　最後に，本書が出版できたのも，文眞堂の前野隆社長のおかげであり，また編集過程においては，山崎勝徳氏にたいへんお世話になった。厚く感謝申し上げたい。

　2022 年 9 月

塚原　康博

# 索　引

## 著者紹介

### 塚原 康博（つかはら・やすひろ）

略歴
明治大学情報コミュニケーション学部教授
一橋大学大学院経済学研究科博士課程単位修得退学，博士（経済学）

主要著書
(1) 単 著
『地方政府の財政行動』勁草書房，1994 年
『人間行動の経済学』日本評論社，2003 年
『高齢社会と医療・福祉政策』東京大学出版会，2005 年
『医師と患者の情報コミュニケーション』薬事日報社，2010 年
(2) 分担執筆
『医療と福祉の産業連関』東洋経済新報社，1992 年
『福祉国家の政府間関係』東京大学出版会，1992 年
『現代家族と社会保障』東京大学出版会，1994 年
『社会保障費統計の基礎と展望』有斐閣，1995 年
『高齢期と社会的不平等』東京大学出版会，2001 年
『日本経済の進歩と将来』成文堂，2007 年
『行動経済学の理論と実証』勁草書房，2010 年
『平成不況』文眞堂，2010 年
『問題解決のコミュニケーション』白桃書房，2012 年
『少子・高齢化と日本経済』文眞堂，2014 年
『経済政策論』慶応義塾大学出版会，2016 年

日本人と日本社会
——社会規範からのアプローチ——

| | |
|---|---|
| 2022 年 11 月 15 日　初版第 1 刷発行 | 検印省略 |

著 者　塚　原　康　博
発行者　前　野　　　隆
発行所　株式会社　文　眞　堂
東京都新宿区早稲田鶴巻町 533
電　話 03（3202）8480
ＦＡＸ 03（3203）2638
http://www.bunshin-do.co.jp/
〒162-0041 振替00120-2-96437

製作・モリモト印刷
©2022
定価はカバー裏に表示してあります
ISBN978-4-8309-5194-7　C3036